Adolf Fick

Philosophischer Versuch über die Wahrscheinlichkeiten

Adolf Fick

Philosophischer Versuch über die Wahrscheinlichkeiten

ISBN/EAN: 9783743351561

Hergestellt in Europa, USA, Kanada, Australien, Japan

Cover: Foto ©Thomas Meinert / pixelio.de

Manufactured and distributed by brebook publishing software (www.brebook.com)

Adolf Fick

Philosophischer Versuch über die Wahrscheinlichkeiten

PHILOSOPHISCHER VERSUCH

ÜBER DIE

WAHRSCHEINLICHKEITEN

VON

A. FICK.

WÜRZBURG.
DRUCK UND VERLAG DER STAHEL'SCHEN UNIVERS.- BUCH- & KUNSTHANDLUNG.
1883.

DER

HOCHSCHULE ZÜRICH

DARGEBRACHT

ZUR

JUBELFEIER IHRES FÜNFZIGJÄHRIGEN BESTEHENS.

So bewundernswürdig die Ausbildung ist, welche die mathematische Technik der Wahrscheinlichkeitsrechnung unter den Händen der grössten Mathematiker erlangt hat, so wenig ist merkwürdigerweise die philosophische Seite der Wahrscheinlichkeitslehre entwickelt. Man vermisst in allen Darstellungen eine eingehende Erörterung der Stellung des Wahrscheinlichkeitsbegriffes in der Erkenntnisstheorie, die doch — so zu sagen — eine centrale ist. Es fehlt überall an einer befriedigenden Vermittelung zwischen Wahrscheinlichkeit und Nothwendigkeit.

Jeder wird zugeben, dass irgend eine Aussage im eigentlichen Sinne entweder richtig oder falsch ist, und dass ihr so ohne Weiteres gar keine Eigenschaft zukommt, die verschiedener numerisch bestimmbarer Grade fähig ist, was eben die Wahrscheinlichkeit doch sein soll. Wenn ich z. B. sage, morgen um 12 Uhr Mittags wird es regnen, so ist das entweder richtig oder falsch — tertium non datur. Ueberdiess ist es auch heute schon absolut sicher im Verlaufe des ursachlichen Zusammenhanges der Erscheinungen gegründet, ob es morgen um 12 Uhr regnen wird oder nicht. Dennoch spricht alle Welt — und wohl mit Recht — davon, welche Wahrscheinlichkeit es habe, dass es morgen regnen wird. Wenn heute das Barometer gefallen ist, schreibt man dem Satze, es wird morgen regnen, eine Wahrscheinlichkeit zu, die grösser als $1/2$ ist, wenn das Barometer im Steigen ist, taxirt man die Wahrscheinlichkeit unserer Aussage kleiner als $1/2$. Ja man könnte sogar unter Umsänden die fragliche Wahrscheinlichkeit mehr oder weniger genau numerisch auswerthen.

Da ist denn doch wohl eine eingehende Erörterung nöthig, was für eine Eigenschaft eine Aussage haben könne, deren Grade numerisch messbar sind.

Die philosophische Untersuchung des Wahrscheinlichkeitsbegriffes hat an sich schon das grösste Interesse, da allgemein anerkannt wird, dass alle unsere Erfahrungserkenntniss es nur zur Wahrscheinlichkeit geringeres oder höheres Grades nie zur apodiktischen Gewissheit bringen kann. Die Technik der Wahrscheinlichkeitslehre ist also gewissermassen die Technik der wirklichen Erfahrung überhaupt, und es ist ein Erforderniss der Erkenntnisstheorie, die Principien dieser Technik systematisch zu begründen. Dies ist aber meines Wissens noch nie in befriedigender Weize geschehen. Die auf den folgenden Blättern dargestellten Untersuchungen haben den Zweck, zu dieser Begründung einen Beitrag zu liefern.

Ich rechne darauf, dass diese Untersuchung vielleicht auch noch dahin wirken könnte, hartnäckige Zweifler an der Möglichkeit „synthetischer Sätze a priori" zu bekehren. Bekanntlich giebt es noch immer Leute, welche solche Zweifel hegen, die sogar die mathematischen Wahrheiten für Produkte der Erfahrung halten, die z. B. den Satz, dass die 3 Winkel im Dreieck zusammen 2 Rechte betragen, für einen Erfahrungssatz erklären, obwohl, seit es eine Feldmesskunst giebt, noch niemals die Summe der 3 Dreieckswinkel genau $= 180^0$ gefunden worden ist. Um solche Zweifel zu zerstreuen, giebt es nun wohl kaum ein anschaulicheres Beispiel, als die Sätze der Wahrscheinlichkeitslehre, die ihrer ganzen Ableitung nach gar nicht aus der Erfahrung hergenommen sein können und die sich doch auf Erfahrung beziehen.

I. Entwickelung des Wahrscheinlichkeitsbegriffes.

Der eigentliche Angelpunkt der ganzen Erkenntnisstheorie ist die Wahrheit, dass die Verknüpfung der Erscheinungen allgemeinen unverbrüchlichen Gesetzen unterworfen ist. Der häufig gebrauchte Ausdruck für diese Wahrheit, dass die Erscheinungen einem unverbrüchlichen Causalnexus unterworfen seien, ist, glaube ich, nicht ganz glücklich gewählt, weil nach unserem Sprachgebrauch die Worte Ursache und Wirkung, namentlich das letztere, noch etwas mehr einschliessen als die blosse gesetz- oder regelmässige Verknüpfung succesiver und gleichzeitiger Erscheinungen. Es ist hier nicht der Ort die Begriffe, Ursache und Wirkung, gründlich zu erörtern, nur die Bemerkung sei verstattet, dass der Begriff der Wirkung nothwendig zwei verschiedne Dinge voraussetzt, von denen das eine auf das andere einwirkt und umgekehrt, da nun aber das Wort „Ursache" durchweg als Correlat von „Wirkung" gebraucht wird, so kann auch dies nur gelten, wo von der gegenseitigen Einwirkung verschiedener Dinge aufeinander die Rede ist. Wenn wir dagegen von dem blossen gesetzmässigen Ablauf der Erscheinungen sprechen, so brauchen wir nicht nothwendig die gegenseitige Einwirkung der Dinge aufeinander im Auge zu haben, wenn wir z. B. die gesetzmässige Bewegung der Fixsterne vom Aufgange zum Untergang betrachten, so kommt dabei eine Einwirkung verschiedener Körper aufeinander gar nicht in Frage.

Dass die Wahrheit, alle Verknüpfung der Erscheinungen sei allgemeinen Gesetzen unterworfen, nicht durch Erfahrung erworben, sondern a priori erkannt sei, ist von *Kant* mit mathematischer Evidenz dargethan und dürfte es wohl bei seiner Begründung dieser Wahrheit auf die hypothetische Urtheilsform, welche ihm bekanntlich mehr als 10 Jahre Nachdenken gekostet hat, sein Bewenden haben trotz der mancherlei Ausstellungen, welche ältere und neuere Kritiker hieran versucht haben. Vielleicht wären manche dieser Ausstellungen unterblieben wenn man darauf geachtet hätte, dass jedes Urtheil, dessen Subject und Prädikat allgemeine Begriffe sind, ein hypothetisches ist, wenn es auch in einem einzigen Satze ausgedrückt ist. Ein durch ein Wort bezeichneter allgemeiner Begriff ist ja gar nichts anderes als eine Theilvorstellung die in verschiedenen wirklichen konkreten Wahrnehmungen als Bestandtheil gefunden werden kann.

Es ist gut zu bemerken, dass wir erkenntniss-theoretisch die Berechtigung haben aus der unendlichen Fülle von Momenten einer wirklichen Wahrnehmung ganz beliebige herauszunehmen, soviel oder sowenig, als wir wollen, und sie zu einem Begriff zu verknüpfen, denn der Beweis für ihre mögliche Zusammengehörigkeit liegt ja darin, dass sie eben in einer wirklichen Wahrnehmung einmal zusammen waren. Ob nun eine solche Zusammenfassung auch brauchbar ist, das kann man bei ihrer ersten Bildung gar nicht wissen, das kann sich eben nur im Verlaufe der Erfahrung zeigen. An sich unberechtigt sind nur solche Begriffe oder Zusammenfassungen von Wahrnehmungselementen welche in der gedachten Weise gar nie in einer wirklichen Wahrnehmung zusammen gewesen, sondern willkührlich aus verschiedenen Wahrnehmungen zusammengestellt sind. Z. B. ein Mensch mit Flügeln auf den Rücken oder dergleichen. Dagegen ist z. B. der Begriff eines „braunen Thieres" ganz wohl zulässig, denn man hat die Wahrnehmungen schon zusammen gemacht, dass ein ohne äusseren Anstoss sich bewegender Körper (Thier) von seiner Oberfläche Licht aussendet, das im Auge des Beschauers den Eindruck macht, der als „braun" bezeichnet wird. Dieser selbe Complex von Wahrnehmungselementen ist sogar schon oft wirklich gemacht z. B. bei Betrachtung von gewissen Schnecken und von Ochsen oder Pferden.

Man beachte dass die Handlung des Verstandes, vermöge deren aus einer wirklichen Wahrnehmung einzelne Elemente oder Komplexe von solcher herausgehoben werden durchaus spontan ist, da eben nur die wirkliche Wahrnehmung d. h. der Komplex von Empfindungen jederzeit das von aussen Gegebene ist. Von welchen Elementen eines solchen Komplexes ich „abstrahiren" will und welche Elemente ich in den engeren Komplex eines „Begriffes" aufnehmen will, das ist aber Sache der Spontaneität des Verstandes. Hiermit soll natürlich nicht gesagt sein, dass nicht nachfolgende Wahrnehmungen im wirklichen Verlaufe des psychologischen Geschehens Veranlassungen enthalten könnten, bald die eine, bald die andere Begriffsbildung zu bevorzugen. Immer bleibt die Begriffsbildung und damit, wie wir gleich sehen werden die Aufstellung hypothetischer Sätze eine — wenn auch psychologischmotivirte — Handlung oder, wenn man lieber will, eine Reaction des Verstandes im Gegensatze zu einer ihm von aussen sich aufdrängenden Wahrnehmung.

Ist nun ein Wort oder Wortkomplex, das einen solchen allgemeinen Begriff bezeichnet Subject in einer Aussage, so drückt es eine einfache Bedingung oder auch einen ganzen Komplex von Bedingungen aus. Ist dagegen ein solches Wort Prädikat einer Aussage so heisst es, dass unter den durch das Subject dargestellten Bedingungen allemal die durch es selbst bezeichnete einfache oder zusammengesetzte Vorstellung reell gegenwärtig ist. In dem Satze z. B. Blut ist roth, kann ich das Subjekt Blut umschreiben durch den Konditionssatz: wenn ich einem Wirbelthier eine Wunde beibringe und die ausfliessende Flüssigkeit ansehe. Das Prädikat „ist roth" stellt fest, dass ich unter den soeben angegebenen Bedingungen die Vorstellung der rothen Farbe als reell gegenwärtig habe. Der Satz „Blut ist roth" ist demnach unzweifelhaft ein hypothetisches Urtheil genau gleich der Aussage: wenn ich ein Wirbelthier verwunde und die ausfliessende Flüssigkeit ansehe, so habe ich resp. jeder sehende und nicht farbenblinde Mensch die Vorstellung der rothen Farbe. Ebenso ist z. B. der Satz „Ein Wirbelthier hat Blut" gleichbedeutend mit dem hypothetischen Urtheil: Wenn ich einen Körper, der eine Wirbelsäule im Rücken hat und noch die und die anderen Bedingungen erfüllt, deren Aufzählung hier zu lang werden würde, wenn ich — sage ich — einen solchen Körper nehme und schneide hinein, so fliesst eine rothe Flüssigkeit aus. Um auch noch ein Beispiel zu geben, wo es sich schon im ursprünglichen Ausdrucke um eine zeitliche Aufeinanderfolge handelt, betrachten wir den Satz: „Ein fester Körper im leeren Raume ohne Geschwindigkeit sich selbst überlassen fällt zu Boden." Er kann folgendermassen auf die Form des hypothetischen Urtheils gebracht werden: Wenn ein Object der drückenden Hand Widerstand leistet und er wird in einem gewissen Augenblicke in einem leeren Raume sich selbst überlassen, so findet er sich einige Zeit später am Boden des leeren Raumes. Alles eigentliche Urtheilen mit sogenannten Begriffen ist also ein Aufstellen von allgemeinen Regeln, nach welchen gewisse Vorstellungen nothwendig mit einander verknüpft sind, so dass, wenn die eine da ist, auch die andere da sein oder erwartet werden muss. Ist nun die Nöthigung, solche allgemeine Regeln aufzustellen, in der ursprünglichen Natur unseres Intellektes gegründet oder kommen wir dazu nur deshalb, weil das Material unserer Wahrnehmungen an sich schon solchen Regeln unterworfen ist, die wir nur bemerken? Die letztere Alternative kann geradezu als widersinnig bezeichnet werden. Ein Wesen mit der Fähigkeit der blossen Wahrnehmung könnte, wenn auch wirklich das Material der Wahrnehmungen regelmässig wäre, niemals die Regeln als solche zum Bewusstsein bringen. Dazu muss eine besondere Fähigkeit von vorn herein vorhanden sein, und das ist auch ganz offenbar der Fall. Man wird wohl geradezu sagen können, der Intellekt oder der Verstand ist gar nichts Anderes, als eben die Fähigkeit, das Material der Wahrnehmung unter allgemeine Regeln zu bringen. Welches diese Regeln wirklich sind, wird sich natürlich darnach richten, was für Wahrnehmungen gemacht sind, dass sich aber Alles nach Regeln richten muss, ist von vornherein gewiss, denn mit dem Verstande über Wahrnehmungen reflectiren, heisst gar nichts Anderes, als allgemeine Regeln suchen, unter welche die Wahrnehmungen gebracht werden können. Im Grunde genommen ist die vorstehende Erörterung nur eine Paraphrase des bekannten Satzes von *Leibnitz*: Nihil est in intellectu quod non prius fuerat in sensu — nisi intellectus ipse.

Wer sich durch eine solche principielle Betrachtung nicht überzeugen kann, der denke sich einmal in die Lage des neugeborenen Kindes und frage sich, ob er da in dem Wirrwar der sich aufdrängenden Wahrnehmungen Regelmässigkeit o h n e s i e z u s u c h e n finden würde (wofern das überall denkbar wäre). Wie sollte man etwa darauf kommen, eine Regel aufzustellen, dass nicht unterstützte schwere Körper zu Boden fallen? Man sieht ja fast eben so oft solche Körper aufsteigen, wie z. B. einen aus der Hand geworfenen Stein oder aufspritzendes Wasser, einen fliegenden Vogel oder sogar den eigenen Körper beim Sprung u. s. w. In der That gibt es ja auch Regeln, nach denen sich nnter gewissen Umständen nicht unterstützte schwere Körper aufwärts bewegen, wie es Regeln gibt, nach denen sie unter andern Umständen fallen. Wenn nicht die Natur des Intellektes darin bestände, solche Regeln a priori vorauszusetzen und uns zwänge, sie um jeden Preis aufzusuchen, die blossen Wahrnehmungen würden uns niemals zwingen, solche Regeln anzunehmen. Ja man muss schliesslich sogar zugeben, gefunden sind die wirklich allgemein gültigen Regeln oder Gesetze auch heute noch nicht — nicht ein einziges. Wir wollen jetzt zusehen, wie es bei der wirklichen Aufsuchung der Erfahrungsregeln zugeht. Setzen wir uns in die Lage, wo wir eine recht augenfällige und höchst verwickelte Wahrnehmung machen. Es sei etwa im Oktober ein heftiger Sturm, die Sonne sei eben im Untergehen, der zunehmende Mond scheine abwechselnd durch die Zwischenräume dahinjagender Wolken, wir sehen einen Wald mit theils gelben Blättern, dieselben fallen in grosser Anzahl von den geschüttelten Zweigen. Einzelne Aeste knicken vom Sturme gebogen ab. Aus einer solchen Reihe von wirklichen sinnlichen Wahrnehmungen lassen sich unendlich viele Theilvorstellungen bilden und wir können nun ganz willkürlich je zwei solcher Theilvorstellungen zu einem Urtheil verknüpfen oder mit andern Worten Regeln bilden, wonach, wenn die eine Vorstellung gegenwärtig ist, auch die andere sich einstellt. Es wäre eine ganz verkehrte Meinung, wollte man einigen dieser Verknüpfungen von vorn herein einen Vorzug einräumen. Was in einer wirklichen Wahrnehmung verknüpft ist, muss eben nach einer allgemeinen Regel verknüpft sein. Ohne dies a priori vorauszusetzen, würde es mir ja niemals einfallen, bei Wiederholung eines Theiles der Wahrnehmung darauf zu achten, welcher andere Theil derselben sich ebenfalls wiederholt. Die Fähigkeit des Erinnerns reicht zur Erklärung dieser besonderen Aufmerksamkeit nicht aus, die ganz spontan auf die Wiederholung von Verknüpfungen gerichtet wird. Der soeben ausgesprochene Satz ist nichts anderes als eine besondere und, wie mir scheint, recht einleuchtende Fassung von *Kant*'s Behauptung, dass die Möglichkeit des hypothetischen Urtheils das allgemeine Causalitäts- oder besser Regelmässigkeitsprincip enthält. So bin ich im obigen Beispiel ganz berechtigt, den Mondschein mit dem Abknicken vom Baumästen zu verknüpfen. Es muss eine ganz allgemeine Regel geben, welche sagt: wenn der Mond scheint und es sind noch die und die anderen Bedingungen erfüllt, so knicken Aeste von den Bäumen; ob ich die Bedingungen, ohne zu viel oder zu wenig zu sagen, werde angeben können, ist freilich die Frage, aber eine solche Regel muss es geben, da in einem wirklich beobachteten Falle, während der Mond schien, Aeste von den Bäumen geknickt sind. Diese Betrachtung wird gut beleuchtet durch die Neigung der Menschen, sich ganz willkürlich abergläubische Regeln bei Gelegenheit irgend einer bestimmten wahrgenommenen Verknüpfung von Erscheinungen zu bilden. So herrscht z. B. bekanntlich in weiten Kreisen der Aberglaube, dass von 13 Tischgenossen einer in dem laufenden Kalenderjahre sterbe. Jedesfalls hat man ein Recht, nach einmaliger Beobachtung jener Verknüpfung eine Regel zu bilden: wenn 13 Menschen bei Tische zusammensitzen, stirbt einer davon im laufenden Kalenderjahre, nur muss, wenn die Regel eine unverbrüchliche sein soll, die Bedingung noch weiter specialisirt werden, z. B. würde es nach dem heutigen Stande unserer toxikologischen Kenntnisse eine ganz unverbrüchliche Regel geben: Wenn am 1. Januar 13 Menschen bei Tische sitzen, von denen einer 1 gramm Arsenik verschluckt und keinerlei Gegengift nimmt, so stirbt einer davon im laufenden Kalenderjahre. Hätte man sich nun vorgesetzt, die übrigen Bedingungen auszumitteln für solche aufs Gerathewohl gegriffene Regeln etwa für die schon weiter oben als Beispiel gebrauchte Regel: „wenn der Mond scheint und es findet noch dies und dies und dies etc. statt, so knicken Aeste von den Bäumen", so würde man bald bemerken, dass die andern Bedingungen einflussreicher sind, als die erste, doch ist das eine naturwissenschaftliche und keine erkenntniss-theoretische Bemerkung. Als Beispiel des erkenntniss-theoretischen Processes würde eine Untersuchung über die Vervollständigung unserer beispielsweise willkührlich gegriffenen Verknüpfungsregel ganz wohl dienen können. Wir würden auch wohl schliesslich einen Einfluss des Mondes feststellen können, dessen Lage wegen seiner Anziehungskraft, die er auf alle Massen ausübt für das Abknicken von Baumästen unmöglich absolut gleichgültig sein kann. Ueberdies steht ja die Sichtbarkeit des Mondes mit der Beschaffenheit der Atmosphäre in Beziehung. Ich will aber dennoch dies absichtlich anscheinend ganz absurd gewählte Beispiel verlassen und ein anderes aus dem obigen Wahrnehmungsgewebe herausgreifen, das wir besser verfolgen können, weil es die Aufmerksamkeit der Menschen in Wirklichkeit mehr auf sich gezogen hat. Wir verknüpfen z. B. die Theil-Vorstellung des Windes mit der Theil-Vorstellung des Abknickens von Baumästen und stellen die Regel auf: „wenn Wind durch Bäume weht, so knicken Aeste ab". Bei der nächsten Gelegenheit, wo wir Wind durch Bäume wehen sahen, werden wir nun vielleicht nicht bemerken, dass Aeste abknicken. Hätten die Empiristen Recht, so wäre hierdurch die Verknüpfung zwischen der Vorstellung Wind und der Vorstellung des Abknickens von Baumästen gelöst, oder sie wäre wohl eigentlich gar nicht zu Stande gekommen. Unser Verstand lässt sich aber durch die Zweifel des Empiristen in seinem Geschäfte des Regeln Suchens nicht beirren. Die zweite negative Wahrnehmung bestimmt ihn keineswegs, die erste Regel aufzugeben, sondern sie zu verbessern. Er sieht, wenn Wind durch Bäume weht, knicken Aeste, war noch nicht der vollständige Ausdruck der nothwendig vorauszusetzenden unverbrüchlichen Regel, wonach in der erstgedachten wirklichen Wahrnehmung die beiden willkührlich herausgegriffenen Theil-Vorstellungen zu verknüpfen sind. Ich muss also in der Theilvorstellung, welche ich als Bedingung setze, noch mehr von dem damals gegenwärtig gewesenen Inhalt aufnehmen, z. B. von der Stärke des Windes, von der Beschaffenheit der Bäume, von der Richtung des Windes in Beziehung zur Stellung der Aeste u. s. w. wohl zu merken, nöthigesfalls müsste ich den damals gegenwärtig gewesenen Vorstellungsinhalt ganz in die Bedingung aufnehmen, dann wäre aber die Regel auch sicher richtig, dann dürfte aber auch der Nachsatz — und das ist wichtig zu bemerken — viel bestimmter lauten, etwa so: „es knicken sieben Aeste von der und der Grösse etc. ab".

Versuchen wir es aber zunächst mit allgemeiner ausgedrückten Regeln. Wenn Wind durch Bäume weht, kann der Wind eine Geschwindigkeit von 5 m von 10 m von 15 m Geschwindigkeit haben. In dem ursprünglich beobachteten Falle sei beispielsweise die Geschwindigkeit 10 m gewesen. Nehmen wir diese Bestimmung mit auf, so würde die Regel lauten: Wenn ein Wind von 10 m Geschwindigkeit durch Bäume weht, so knicken Aeste ab. Eine abermalige Beobachtung kann uns nun überzeugen, dass auch dies noch nicht die allgemeine unverbrüchliche

Regel ist. Wir sehen vielleicht einen so starken Wind ganz ohne Schaden durch Bäume wehen, aber es waren diesmal etwa niedrigere Bäume, als in der ursprünglichen Wahrnehmung. So versuchen wir abermals eine Regel zu bilden: wenn Wind von grosser Stärke durch Bäume von grosser Höhe weht, so knicken Aeste ab. Es ist nun a priori gewiss, dass wir durch Aufnahme immer näherer Bestimmungen in die zunächst allgemein ausgedrückte Bedingung „wenn Wind durch Bäume weht" zuletzt zu einer wirklich unverbrüchlichen Regel kommen müssen, freilich ist es noch nie wirklich gelungen, das Ziel ganz vollkommen zu erreichen. Wir können auf dem Wege zu diesem Ziele schon eine Bemerkung machen. Neben den versuchsweise angenommenen Regeln mit positivem Nachsatze können wir auf Grund der erneuten Wahrnehmungen auch solche mit negativem Nachsatze bilden. Z. B. Wenn Wind durch Bäume weht mit weniger als 10 m Geschwindigkeit, so knicken keine Aeste ab u. s. f. Offenbar muss es möglich sein, den ganzen Bereich der allgemeinen Bedingung, „wenn Wind durch Bäume weht" in zwei Theile zu theilen, deren einer diejenigen besonderen Bedingungen enthält, unter denen die im Nachsatz ausgedrückte Folge eintritt, der andere Theil diejenigen besonderen Bedingungen, unter welchen die Folge ausbleibt. Es wäre nun offenbar von grösstem Interesse, wenn man sich bei einer entschieden noch nicht vollständig dargestellten Regel wenigstens davon eine Vorstellung machen könnte, der wievielte Theil des ganzen Bereiches der allgemeinen Bedingung von solchen besonderen Bedingungen eingenommen wird, an welche der Erfolg unauflöslich geknüpft ist. Man muss sich dabei offenbar den ganzen Bereich der allgemeinen Bedingung denken als eine Anzahl — natürlich meist eine unendlich grosse — von einzelnen Bedingungen und diese ganze Anzahl zerfällt in zwei Gruppen, deren jede selbst wieder unendlich gross ist. Die eine enthält die Vordersätze zu den unverbrüchlichen Regeln mit positivem, die andere enthält die Vordersätze zu den unverbrüchlichen Regeln mit negativem Nachsatze. Die Anzahlen der beiden Gruppen, wenn auch wie gesagt selbst unendlich gross haben, doch im Allgemeinen ein durch eine endliche Zahl angebbares Verhältniss zu einander. Erläutern wir diese Betrachtung noch einmal durch unser früher gebrauchtes Beispiel: Wenn Wind von

10—15 m Geschwindigkeit durch Bäume von 20—30 m Höhe weht. Dieser Satz repräsentirt schon eine zweifach unendliche Mannigfaltigkeit von Einzelbedingungen, sofern es zwischen 10 $\times$ 15 m unendlich viele Geschwindigkeiten und zwischen 20 und 30 m unendlich viele Höhenstufen gibt, deren jede mit jeder combinirt gedacht werden kann. Nehmen wir an, alle diese Bedingungen führten den positiven Erfolg herbei. Wenn Wind von 15—20 m Geschwindigkeit durch Bäume von 10—20 m Höhe weht, ist wieder eine Untergruppe von einer zweifach unendlichen Mannigfaltigkeit, die wieder zu den Vordersätzen mit positivem Erfolge zählen möge. So könnten wir dann weiter mit der Aufzählung der Bedingungen fortfahren, die den positiven Erfolg herbeiführen. Dann käme etwa eine Untergruppe: Wenn Wind von 10—15 m Geschwindigkeit durch Bäume von 10—20 m Höhe weht, ebenfalls eine zweifach unendliche Mannigfaltigkeit von Einzelbedingungen in sich enthaltend. Die Untergruppe gehöre nun etwa zu der Gruppe von Bedingungen, unter denen der Erfolg ausbleibt u. s. f. bis zur vollständigen Aufzählung. Diese kann natürlich in unserem Beispiel um so weniger wirklich ausgeführt werden, als noch ganz andere Bedingungen in Betracht kommen, welche sich auf die Beschaffenheit des Holzes, auf die Dichte der Belaubung, die einzelne oder gedrängte Stellung der Bäume u. s. w. beziehen, und die Unendlichkeit ins ganz unübersehbare steigern, immer aber werden die beiden unendlichen Anzahlen der beiden Arten von Einzelbedingungen von derselben Ordnung unendlich sein und folglich ein bestimmtes durch eine endliche Zahl darstellbares Verhältniss zu einander haben.

Es versteht sich wohl von selbst und ist schon wiederholt ausgesprochen, dass bei der wirklichen Beobachtung natürliches Geschehens die Aufzählung der Einzelbedingungen der unverbrüchlichen Regeln gar nie ausführbar ist. Einerseits ist ihre Anzahl stets unendlich und andererseits bleiben sie uns meist sogar ihrem Inhalte nach unbekannt. Um so mehr ist es Bedürfniss, einen Maassstab dafür zu gewinnen, mit welchem Grade der Annäherung in einer gegebenen Regel die Bedingungen wirklich schon aufgezählt sind, so dass man insbesondere solche Regeln unterscheiden könne, bei denen im Bereiche des wirklich ausgedrückten oder wenigstens bei dem Ausdrucke gedachten Bedingungskomplexes vielleicht nur sehr wenige Einzelbedingungen enthalten sind, welche den Erfolg nicht herbeiführen.

Solche Regeln sind es, die im gemeinen Leben oder selbst in der Naturwissenschaft für unverbrüchliche Regeln gelten. Wir sind durch die vorstehenden Betrachtungen auf eine Eigenschaft von hypothetischen Urtheilen geführt worden, welche in der That numerisch ausdrückbarer Grade fähig ist, und diese Eigenschaft ist die „Wahrscheinlichkeit". Mit der Wahrheit und Unwahrheit hat sie an sich nichts zu schaffen, denn diese haben keine Grade. Der Satz: „wenn A ist, so ist B" schlechthin verstanden ist entweder wahr oder unwahr. Wenn ich bei diesem Satze von Wahrscheinlichkeit sprechen will, muss ich mir den durch A ausgedrückten Bedingungskomplex in eine Anzahl von Einzelbedingungen getheilt denken, und annehmen, dass die einen dieser Einzelbedingungen mit dem Nachsatze verbunden richtige, die andern falsche Regeln geben, resp. dass die andern mit dem negirten Nachsatze verbunden richtige Regeln geben.

Es ist nunmehr leicht die Definition der Wahrscheinlichkeit als mathematischer Grösse zu geben: **Die Wahrscheinlichkeit eines unvollständig ausgedrückten hypothetischen Urtheils ist der als echter Bruch dargestellte Theil des ganzen Bereiches der Bedingung, an dessen Verwirklichung der im Nachsatz ausgedrückte Erfolg nothwendig geknüpft ist.**

Man kann demnach durchaus nicht von Wahrscheinlichkeit eines „Ereignisses" sprechen. Jedes individuelle Ereigniss ist entweder absolut nothwendig oder unmöglich. Die Wahrscheinlichkeit ist eine Eigenschaft, welche nur einem hypothetischen Urtheile zukommen kann. Es kann allerdings Wahrscheinlichkeit von bestimmtem Werthe mit vollem Rechte auch einer Aussage zugeschrieben werden, welche scheinbar die blosse bedingungslose Angabe eines Ereignisses ist. Wenn ich z. B. den Satz aussprechen höre, „morgen wird es regnen", so kann ich recht wohl diesem Satze eine gewisse Wahrscheinlichkeit zuschreiben, die sich sogar im gegebenen Falle mehr oder weniger genau numerisch angeben lässt. Ich könnte z. B. sagen: ich wette 10 gegen 1, dass es morgen regnet. Man sieht aber leicht, dass es sich auch hier um die Wahrscheinlichkeit eines hypothetischen Satzes handelt. Der nämlich, welcher eine solche Aussage macht, wird dabei meist die heutige Beschaffenheit der Atmosphäre, Richtung des Windes etc. im Auge haben und spricht also eigentlich aus: Der hypothetische Satz „Wenn am einen Tage an diesem Orte die und die Beschaffenheit der Atmosphäre herrscht, so wird es an demselben am folgenden Tage regnen", hat eine Wahrscheinlichkeit, sagen wir gleich $9/10$. Mit andern Worten, die Sphäre der ausgedrückten Bedingung kann in 10 Theile getheilt werden, von denen 9 den Regen herbeiführen, 1 den heitern Himmel. Z. B. etwa so: Wenn diese Beschaffenheit der Atmosphäre herrscht und die Windrichtung bleibt ungeändert, so regnet es am andern Tage; wenn diese etc. herrscht und der Wind dreht sich während einiger Stunden, so regnet es u. s. f., dann andererseits: Wenn diese etc. herrscht und der Wind dreht sich dauernd, so regnet es am andern Tage nicht.

Ganz sinnlos wäre übrigens nicht einmal die Frage nach der Wahrscheinlichkeit der Aussage: morgen wird es regnen ohne alle Rücksicht auf das heutige Wetter. Sie bezöge sich dann auf die hypothetische Regel: wenn überhaupt das Geschehen nach den bisherigen Gesetzen fortfährt, so regnet es an einem Tage. Da ist ja auch der ganze Complex von möglichen Bedingungen eintheilbar in solche, die Regen, und in solche, die Trockenheit herbeiführen. Es kann sogar unter Umständen, wie z. B. gerade in der Meteorologie von Interesse sein, für solche Aussagen, deren allgemeine Bedingung eben nur die Fortdauer des Geschehens überhaupt ist, die Wahrscheinlichkeit zu bestimmen. Meist aber will man sie nur wissen für hypothetisch ausgesprochene Urtheile, bei denen die Sphäre der allgemeinen Bedingung schon eine abgegrenzte ist. Wenn ich z. B. sage, morgen wird in meinem Zimmer mit ein Paar Würfeln ein Pasch geworfen werden, so hat die Frage nach der Wahrscheinlichkeit dieser Aussage an sich wohl einen Sinn, aber man wird nicht leicht darauf kommen sie aufzuwerfen, denn man sieht sofort, bei der Eintheilung der im ganzen Verlaufe des Geschehens überhaupt enthaltenen Mannigfaltigkeit von Bedingungen sind schon verhältnissmässig ausserordentlich wenige, die mit der Wahrnehmung eines Paschwurfes verknüpft sein können und unter diesen, unter denen nämlich überhaupt ein Würfelspiel in dem Zimmer gemacht wird, sind wieder nur einige, welche mit der Wahrnehmung nothwendig verknüpft sind. Nahe liegt dagegen die Frage, welche Wahrscheinlichkeit hat der hypothetische Satz: Wenn 2 Würfel auf den Tisch geworfen werden, so erscheint ein Pasch.

Das muss man sich jedesfalls vollständig klar machen, dass es sich auch in solchen Fällen, wo von der Wahrscheinlichkeit einer Aussage die Rede ist, welche scheinbar ein bestimmtes Ereigniss schlechthin angiebt, nicht um ein in Wahrheit individuelles Ereigniss handelt. Denn wenn es, um im obigen Beispiele zu bleiben, morgen hier am Orte wirklich regnet, dann wird in dem und dem Augenblicke auf den und den Punkt ein Tropfen fallen etc. Wäre nun die Aussage in dieser Weise gefasst, so könnte der Frage nach ihrer Wahrscheinlichkeit kein Sinn mehr beigelegt werden, dann müsste sie entweder wahr oder unwahr sein, denn jedes individuelle Ereigniss ist entweder im Causalnexus nothwendig und wirklich oder unmöglich.

Wir sehen, dass bei der hier entwickelten Definition der Wahrscheinlichkeit von einem Widerspruche mit der Nothwendigkeit im Ablaufe der wirklichen Erscheinungen, der den Darstellern viel Schwierigkeit gemacht hat, gar nicht die Rede sein kann. *Laplace* schlüpft in seinem berühmten „philosophischen Versuche" über die Schwierigkeit mit ein paar nichtssagenden Worten weg, obwohl er sie fühlt und obwohl sie für ihn auch wirklich vorhanden ist, da er von Wahrscheinlichkeit der Ereignisse spricht. „Gäbe es einen Verstand, sagt er, der für einen gegebenen Augenblick alle die Natur belebenden Kräfte und die gegenwärtige Lage der sie zusammensetzenden Wesen kennte und zugleich umfassend genug wäre, diese Daten der Analysis zu unterwerfen, so würde ein solcher die Bewegungen der grössten Weltkörper und der kleinsten Atome durch eine und dieselbe Formel ausdrücken, für ihn wäre nichts ungewiss, vor seinen Augen stände Zukunft und Vergangenheit". Nach einigen Bemerkungen über die Unwissenheit früherer Jahrhunderte fährt er dann fort: „Die Wahrscheinlichkeit hängt theils von dieser Unwissenheit theils von unseren Kenntnissen ab. Zuweilen wissen wir, dass sich von drei oder mehr Begebenheiten eine einzige ereignen werde und doch ist kein Grund vorhanden, dass wir glauben sollten, die eine werde sich wahrscheinlicher zutragen als die andere. Indess ist es vielleicht wahrscheinlich, dass irgend eine dieser Begebenheiten sich nicht zutrage, wenn wir nämlich mehrere gleich mögliche Fälle sehen, die ihrer Erscheinung entgegen sind, und nur ein einziger sie begünstigt."

In diesen Sätzen tritt bei *Laplace* das Wort „wahrscheinlich" zuerst auf und zwar, wie man sieht, als ein aus dem gemeinen

Leben ganz bekanntes, ohne dass eine eigentliche Definition auch nur versucht würde, denn die nun gleich folgende Erklärung des Maasses der Wahrscheinlichkeit durch Abzählung der günstigen und ungünstigen Fälle ist nur die mathematische Ausführung des letzten Satzes.

Die von *Laplace* an die Spitze gestellte Behauptung: „die Wahrscheinlichkeit hängt theils von dieser Unwissenheit theils von unseren Kenntnissen ab" muss ich aber geradezu für falsch erklären. In der That, wenn wir auch jenen allumfassenden Verstand besässen, könnten wir immer noch hypothetischen Urtheilen jene Eigenschaft zuschreiben, welche ich als die Wahrscheinlichkeit nachgewiesen habe, und ihr Maass angeben. Freilich würden wir unter jener Voraussetzung nicht mehr von der Technik der Wahrscheinlichkeitsrechnung zur Erforschung des Naturlaufes Gebrauch zu machen nöthig haben.

In etwas eingehendere Erörterungen lassen sich *Bernoulli* und *Condorcet* ein, aber auch ihnen ist es, soviel ich sehen kann, nicht gelungen, die Berechtigung dafür nachzuweisen, dass einer Aussage eine Eigenschaft beigelegt wird, die verschiedener in Zahlen angebbarer Grade fähig ist.

Für uns ist diese Schwierigkeit jetzt aus dem Wege geräumt, denn wir legen die fragliche Eigenschaft nicht einer kategorischen Aussage über ein bestimmtes Ereigniss bei, sondern einer hypothetischen Regel, welche ihre Ausnahmen hat. Da kann man denn recht wohl die der Regel folgenden und die Ausnahmen gezählt denken und das Verhältniss der beiden Anzahlen zum Maasse einer bestimmten Eigenschaft dieser Regel machen. Genau gesprochen handelt es sich aber bei der Wahrscheinlichkeit nicht um eine Zählung factisch beobachteter regelmässiger und Ausnahmefälle, sondern um die Zählung von ausnahmslosen Regeln, welche sich durch weitere Präcisirung des Vordersatzes bilden lassen müssen und von denen die einen mit positivem, die andern mit negativem Nachsatze schliessen. **Das Verhältniss der einen Zahl zur Summe beider ist eben das Maass der Wahrscheinlichkeit der unvollständig ausgedrückten Regel.**

In der ganzen Betrachtung, welche zu einer scharfen Definition des Wahrscheinlichkeitsbegriffes geführt hat, hatten wir nicht nöthig, uns des stets bedenklichen Wortes „Zufall" zu bedienen. Dass aber oft die Wahrscheinlichkeitslehre als die Lehre vom Zufall und die Wahrscheinlichkeitsrechnung als die Berechnung des Zufalles bezeichnet wird, wollen wir zum Schlusse dieser Betrachtung noch kurz ausführen, was unter Zufall zu verstehen ist, wenn jene häufig gehörte Bezeichnung der Wahrscheinlichkeitslehre eine Bedeutung haben soll. Es versteht sich von selbst, dass einem wirklichen Ereigniss nie das Prädikat zufällig, das zu nothwendig in einem Gegensatze steht, mit Grund beigelegt werden kann. Ebensowenig kann er auch dem Zusammentreffen gewisser Bedingungen beigelegt werden, welches ein Ereigniss herbeiführte, sofern ·dies Zusammentreffen auch schon als wirklich gesetzt wird, denn es ist ja alsdann auch ganz im nothwendigen Causalnexus des wirklichen Geschehens mit Nothwendigkeit gegeben. Wohl aber kann man das Zusammentreffen gewisser Bedingungen in abstracto als zufällig bezeichnen, wenn eben die eine dieser Bedingungen mit der andern nicht an sich schon in einem gesetzlichen Zusammenhange steht. So ist beispielsweise das Befallensein von einer gewissen Krankheit nicht an sich nothwendig verknüpft mit einer schwächlichen Körperbeschaffenheit oder mit Mangel an guter Pflege. Man kann daher das Zusammentreffen dieser Bedindungen recht wohl in abstracto als ein „zufälliges" bezeichnen. Gerade aber mit der Abzählung solcher Complexe von Bedingungen in abstracto, von denen die einen mit Nothwendigkeit ein gewisses Ereigniss herbeiführen, die andern es nicht herbeiführen, hat es die Wahrscheinlichkeitsrechnung zu thun, und in diesem Sinne kann man sie wohl eine Berechnung des „Zufalles" nennen.

II. Bestimmung des Maasses der Wahrscheinlichkeit a priori.

Um den Weg zu finden, auf welchem man für die wirklichen Erfahrungsregeln die Grösse der Wahrscheinlichkeit ermitteln kann, muss man zunächst die Gesetze kennen, nach welchen die Wahrscheinlichkeiten verschiedener Sätze von einander abhängen, die unter sich im logischen Zusammenhange stehen. Dabei muss man von willkürlich gemachten Regeln ausgehen, für welche man den ganzen Bereich der allgemeinen Bedingung a priori übersehen und eintheilen kann. Von Alters her hat man zu diesem Zwecke die bei Spielen willkührlich hergestellten Bedingungen als Beispiele gebraucht, die sich in der That ganz vortrefflich dazu eignen. Stellen wir uns z. B. eine Münze vor, der Einfachheit wegen denken wir sie uns als eine Ebene ohne Dicke. Wir werfen nun die Münze auf einen Tisch und stellen uns den Moment vor, wo die mit einem Punkt der Kante den Tisch berührende Münze keine aufwärts gerichtete Geschwindigkeitscomponente mehr besitzt. Es sind jetzt unendlich viele Stellungen der Münze denkbar, die, soweit es uns angeht, bestimmt sind durch den Winkel, welchen die Schriftseite der Münze mit der Tischebene bildet. Dieser Winkel kann jeden denkbaren Werth zwischen 0^0 und 180^0 haben. Offenbar wird, wenn dieser Winkel spitz war, die schliesslich flach aufliegende Münze das Wappen oben zeigen, wenn er stumpf war, die Schrift. Ich kann demnach die Sphäre der allgemeinen Bedingung: „wenn eine Münze auf den Tisch geworfen wird, eintheilen in unendlich viele Einzelbedingungen, nämlich wenn die Münze auf den Tisch geworfen wird und ihre Schriftseite einen Winkel von 1^0 mit der Tischebene bildet", „wenn die etc. und ihre Schriftseite einen Winkel von 2^0 bildet" u. s. w. mit allen stetigen Zwischenwerthen. Offenbar kann ich nun ebensoviele von vorn herein als unverbrüchlich zu erkennende Regeln bilden. „Wenn eine Münze aufgeworfen wird, und die Schriftseite bildet beim Aufschlagen einen Winkel von 1^0 mit der Tischebene, so wird sie schliesslich die Wappenseite zeigen". „Wenn etc. — und etc. Winkel von 2^0, so wird sie die Wappenseite zeigen" u. s. f. „Wenn etc. — und etc. Winkel von 91^0, so wird sie schliesslich die Schriftseite zeigen". „Wenn etc. — und etc. Winkel von 92⁰, so wird sie schliesslich die Schriftseite zeigen" u. s. w. Es entspricht nun jedem der unendlich vielen spitzen Winkelwerthe ein stumpfer und es ist daher die unendliche Anzahl von Lagen der einen Art der unendlichen Anzahl von Lagen der andern Art genau gleich. Der hypothetische Satz, wenn ich eine Münze aufwerfe, so zeigt sich schliesslich die Schriftseite oben — der so schlechthin gefasst als falsch zu bezeichnen wäre — hat somit eine ganz bestimmte Eigenschaft, nämlich diese: unter genau der Hälfte derjenigen Einzelbedingungen, welche in der allgemeinen Bedingung eingeschlossen liegen (oder ihren Bereich ausfüllen) tritt der im Nachsatz ausgedrückte Erfolg ein, unter genau der andern Hälfte dieser Einzelbedingungen tritt er nicht ein. Diese ganz bestimmte Eigenschaft ist es, welche man als Wahrscheinlichkeit $1/2$ bezeichnet. Man pflegt wohl auch kurz zu sagen, es hat die Wahrscheinlichkeit $1/2$, dass eine aufgeworfene Münze Schrift oben zeigt. Dass wir hier die Wahrscheinlichkeit genau numerisch angeben können, hat seinen Grund darin, dass wir eben die sämmtlichen Einzelbedingungen, welche den Bereich der allgemeinen Bedingung ausfüllen, vollständig von vorn herein übersehen, was bei dem Beobachten des natürlichen Geschehens im Allgemeinen nicht der Fall ist.

Absichtlich habe ich ein Beispiel vorangestellt, bei welchem die Zahl der denkbaren Einzelbedingungen unendlich gross war. Unsere ferneren Betrachtungen will ich aber anknüpfen an das von jeher in den Untersuchungen über Wahrscheinlichkeitsrechnung vorzugsweise beliebte Beispiel des Herausziehens von weissen und schwarzen Kugeln aus einem verdeckten Gefässe, weil dies Beispiel am bequemsten gestattet, jeden beliebigen numerischen Werth der Wahrscheinlichkeit darzustellen. Es seien in einem Gefässe 30 Kugeln enthalten. Jede führe zur Unterscheidung von allen übrigen eine Nummer und es seien die Kugeln No. 1 bis No. 20 weiss, die Kugeln No. 21 bis No. 30 schwarz. Die allgemeine Bedingung: „Wenn aus dem Gefässe eine Kugel gezogen wird" umfasst hier offenbar 30 Einzelbedingungen, nämlich 1^0, wenn No. 1 gezogen wird 2^0, wenn Nr. 2 gezogen wird 3^0, wenn No. 3 etc. etc. Da 20 von diesen 30 Bedingungen den Erfolg herbeiführen, dass eine weisse Kugel gezogen wird, so kann ich sagen: Die Regel „wenn aus dem Gefässe eine Kugel gezogen wird, so kommt eine weisse Kugel zum Vorschein, hat die Wahrscheinlichkeit $^2/_3$. Allgemein, sind in dem Gefässe n weisse und m schwarze Kugeln, so ist die Wahrscheinlichkeit, eine weisse Kugel herauszuziehen $= \dfrac{n}{n+m}$.

Ziehe ich nun aus einem solchen Gefässe vielemale nacheinander eine Kugel heraus, indem ich sie jedesmal, nachdem ich sie angesehen und bemerkt habe, welche Farbe sie hat, wieder hineinlege, so lässt sich aus dem Verhältnisse der weissen zu den schwarzen Kugeln gar kein Schluss darüber ziehen, wie viele Male eine weisse und wie viele Male eine schwarze Kugel erscheinen wird. Diess versteht sich zwar ganz von selbst, aber es dürfte kaum überflüssig sein, ausdrücklich hierauf aufmerksam zu machen. Es sind nämlich hierüber im Volke und sogar bei sonst denkenden Menschen vielfach die sonderbarsten Vorurtheile tief eingewurzelt. Man ist nämlich geneigt zu glauben, dass aus einem Gefässe, welches viel mehr weisse als schwarze Kugeln enthält, bei einer grossen Anzahl von Zügen auch mehr weisse als schwarze Kugeln n o t h w e n d i g hervorgehen m ü s s t e n. Es ist diess allerdings, wie bekanntlich die Rechnung lehrt, höchst wahrscheinlich, aber n o t h w e n d i g ist es durchaus nicht. Nehmen wir ein Gefäss mit 6 Kugeln, von denen No. 1, 2, 3, 4, 5 weiss sind, No. 6 allein schwarz. Die Wahrscheinlichkeit, eine schwarze Kugel herauszuziehen, ist offenbar $^1/_6$, das heisst aber nur, dass unter den Einzelbedingungen, die in dem allgemeinen „wenn ich eine Kugel ziehe" begriffen sind, 5 den Erfolg haben, dass eine weisse Kugel zum Vorschein kommt und nur eine, die eine schwarze Kugel zum Vorschein bringt. Nun ist aber doch jeder einzelne Zug ein im nothwendigen Causalnexus stehendes Naturereigniss und der Erfolg hängt davon ab, welche von den Einzelbedingungen (No. 1, No. 2, ... No. 6) dabei realisirt war. Offenbar könnte dieser Causalnexus so beschaffen sein, dass 20mal nacheinander die eine Bedingung realisirt wäre, welche die schwarze Kugel zum Vorschein bringt, nämlich dass 20mal nacheinander die No. 6 gezogen würde. Es ist gut, gleich hier zu bemerken, dass dieses Ereigniss nämlich, dass 20 mal nacheinander die schwarze No. 6 gezogen wird, auch nicht einmal weniger wahrscheinlich ist als das Ereigniss, dass bei 20 aufeinander folgenden Zügen die Kugeln in einer ganz bestimmten Reihenfolge erschienen, etwa so

5, 3, 6, 1, 4, 5, 2, 3, 1, 6, 2, 4, 3, 6, 1, 3, 5, 2, 1, 5.

Gleichwohl würde dieses letztere Ereigniss, bei welchem 3 mal eine schwarze und 17 mal eine weisse Kugel erschien, Niemanden überraschen. Um diese Behauptung, die übrigens längst bewiesen ist, klar einzusehen, müssen wir die Wahrscheinlichkeit zusammengesetzter Erscheinungen näher erörtern, wo wir die Wahrscheinlichkeit für die einzelne Erscheinung von vorn herein kennen. Die mathematische Seite dieser Erörterung ist zwar in jeder Darstellung der Wahrscheinlichkeitsrechnung zu finden, aber sie mag hier des Zusammenhanges wegen ihren Platz finden. Wir wollen der Betrachtung den einfachsten Fall zu Grunde legen. Das Gefäss enthalte zwei Kugeln und es sei No. 1 weiss, No. 2 schwarz. Die Wahrscheinlichkeit, weiss zu ziehen, ist demnach $= 1/2$, ebenso die Wahrscheinlichkeit, schwarz zu ziehen. Es sollen nun 5 aufeinander folgende Züge beobachtet werden, indem jedesmal nach dem Zuge sogleich die gezogene und bemerkte Kugel wieder in das Gefäss zurückgelegt wird. Ueber diese 5 Züge kann ich nun offenbar folgende streng richtige Einzelregeln aufstellen:

1) Wenn gezogen wird 1, 1, 1, 1, 1, so erscheint 5 mal eine weisse Kugel;
2) wenn gezogen wird 1, 1, 1, 1, 2, so erscheint 4 mal eine weisse, 1 mal eine schwarze Kugel;
3) wenn . . . 1, 1, 1, 2, 1, so . . . . 4mal weiss, 1mal schw.,
4) wenn . . . 1, 1, 2, 1, 1, so . . . . 4mal weiss, 1mal schw.,
5) wenn . . . 1, 2, 1, 1, 1, so . . . . 4mal weiss, 1mal schw.,
6) wenn . . . 2, 1, 1, 1, 1, so . . . . 4mal weiss, 1mal schw.,
7) wenn . . . 1, 1, 1, 2, 2, so . . . . 3mal weiss, 2mal schw.,
8) wenn . . . 1, 1, 2, 1, 2, so . . . . 3mal weiss, 2mal schw.,
9) wenn . . . 1, 2, 1, 1, 2, so . . . . 3mal weiss, 2mal schw.,
10) wenn . . . 2, 1, 1, 1, 2, so . . . . 3mal weiss, 2mal schw.,
11) wenn . . . 1, 1, 2, 2, 1, so . . . . 3mal weiss, 2mal schw.,
12) wenn . . . 1, 2, 1, 2, 1, so . . . . 3mal weiss, 2mal schw.,
13) wenn . . . 2, 1, 1, 2, 1, so . . . . 3mal weiss, 2mal schw.,
14) wenn . . . 1, 2, 2, 1, 1, so . . . . 3mal weiss, 2mal schw.,
15) wenn . . . 2, 1, 2, 1, 1, so . . . . 3mal weiss, 2mal schw.,
16) wenn . . . 2, 2, 1, 1, 1, so . . . . 3mal weiss, 2mal schw.

Wenn wir das Schema weiter fortgesetzt denken, bis alle Combinationen erschöpft sind, so sieht man leicht, dass im ganzen 32 Regeln aufzustellen wären oder mit andern Worten die

Bedingung, „wenn ich 5 mal aus einem Gefässe, das eine weisse und eine schwarze Kugel enthält, eine Kugel ziehe", kann genau in 32 Einzelbedingungen zerlegt werden, von diesen führt eine den Erfolg herbei: lauter weisse Kugeln; 5 führen den Erfolg herbei: 4 weisse und 1 schwarze Kugel; 10 haben den Erfolg: 3 weisse und 2 schwarze Kugeln; ebenfalls 10 haben den Erfolg 2 weisse und 3 schwarze Kugeln; 5 haben den Erfolg: 1 weisse und 4 schwarze, und endlich führt wieder nur eine den Erfolg herbei: lauter schwarze Kugeln. Es hat also die unvollständige Regel oder der unvollständige hypothetische Satz: „wenn ich aus einem Gefässe mit einer weissen und einer schwarzen Kugel 5mal ziehe, so erscheinen 3 weisse und 2 schwarze Kugeln" die Wahrscheinlichkeit $\frac{10}{32}$ oder $\frac{5}{16}$. Dieselbe Wahrscheinlichkeit hat es, 2 weisse und 3 schwarze Kugeln zu ziehen, während die andern Verhältnisse der weissen und schwarzen Züge, nämlich 4 weisse und 1 schwarze oder 1 weisse und 4 schwarze oder gar lauter weisse und lauter schwarze weit geringere Wahrscheinlichkeit haben. Man sieht also hier schon, dass die Verhältnisse zwischen den Zahlen der weissen und schwarzen Züge die grösste Wahrscheinlichkeit haben, welche dem Verhältnisse zwischen den weissen und schwarzen Kugeln im Gefässe (hier 1 : 1) am nächsten kommen.

Dieses Beispiel wird genügen, den Gedankengang bei der Bestimmung der Wahrscheinlichkeit solcher zusammengesetzter Erscheinungen überhaupt klar zu machen im Sinne der hier gegebenen Definition des Begriffes der Wahrscheinlichkeit. Die all gemeineren Formeln will ich nur anführen ohne ihre Begründung zu geben, die man in jeder Darstellung der Wahrscheinlichkeitsrechnung findet. Das allgemeinste Problem, wovon das vorige Beispiel ein besonderer Fall ist, lautet offenbar so. Es sei die Wahrscheinlichkeit des Ziehens einer weissen Kugel $= e$ und die Wahrscheinlichkeit des Ziehens einer schwarzen $= f$, wo also $e + f = 1$ sein muss oder mit andern Worten, es seien m weisse und n schwarze Kugeln in Gefässe und es sei

$$\frac{m}{m + n} = e; \quad \frac{n}{m + n} = f.$$

Nun betrachte man r aufeinanderfolgende Züge. Es soll die Wahrscheinlichkeit bestimmt werden, dass unter den r Zügen p mal eine weisse und r—p mal eine schwarze Kugel erscheint, ohne Rücksicht auf die Ordnung, in welcher sich die weissen und schwarzen Züge folgen. Das Maass für diese Wahrscheinlichkeit ist das $(r-p+1)$te Glied in der Entwickelung der Potenz $(e+f)^r$ oder

$$\frac{r\,(r-1)\,(r-2)\ldots(p+1)}{1\,.\,2\,.\,3\ldots(r-p)}\,e^p\,f^{r-p}.$$

Ist die Zahl r einigermaassen gross, so sind alle Glieder dieser Entwickelung sehr klein, aber gleichwohl sind immer einige darunter, gegen welche die übrigen selbst wieder sehr klein sind. Es sind das diejenigen Glieder, für welche das Verhältniss von $p:r-p$ von dem Verhältnisse $e:f$ (oder $m:n$) wenig verschieden ist, und die Summe dieser Glieder ist nur wenig von 1 verschieden, wenn man die Zahl r gehörig gross und die Grenzen der Abweichung des Verhältnisses $p:r-p$ vom Verhältnisse $e:f$ nicht gar zu eng wählt.

Man kann allgemein etwa den Satz so aussprechen, ohne an das Beispiel des Ziehens von Kugeln zu denken. Wenn unter einer gewissen allgemeinen Bedingung die Wahrscheinlichkeit des Erfolges A einen gewissen Werth w hat, so kann man immer eine Anzahl r angeben, wie viele male die Bedingung wiederholt werden muss, so dass es eine gewisse der Einheit beliebig nahe kommende Wahrscheinlichkeit v hat, dass die Anzahl von Malen wo der Erfolg A eintritt zu der gesammten Anzahl der Wiederholungen ein Verhältniss hat, das dem Verhältniss von $w:1$ beliebig nahe kommt. Je grösser die Wahrscheinlichkeit v sein soll und je kleiner die Abweichung des gedachten Verhältnisses von $w:1$ sein soll, um so grösser muss die Anzahl r der Wiederholungen der Bedingung sein.

Nehmen wir z. B. an, die Wahrscheinlichkeit der Regel „wenn ein Mensch ein Jahr in London zubringt, so stirbt er im Laufe desselben", habe die Wahrscheinlichkeit $\frac{326}{10000}$, dann kann ich eine Zahl r finden, welche angiebt, wie viele Male ich die Bedingung, dass ein Mensch ein Jahr in London zubringt, realisirt denken muss, um die Wahrscheinlichkeit $\frac{9999}{10000}$ zu haben, dass unter diesen Fällen die Zahl der Todesfälle zur Gesammtzahl der gedachten Individuen in einem Verhältniss steht, das von dem Verhältniss $\frac{236}{10000}:1$ um weniger als $\frac{4}{10000}$ abweicht. Ich will nur zur Erläuterung des Princips annehmen, die Rechnung ergäbe für r die Zahl 12000000, dann könnte man das Ergebniss auch so ausdrücken, wenn man die jeweilige Bevölkerung von London zu 3000000 anschlägt: Im Laufe von 4 Jahren (wo eben im Ganzen 1200000 mal ein Mensch je ein Jahr in London zugebracht hat) kommen daselbst mit einer Wahrscheinlichkeit von $\frac{9999}{10000}$ nicht weniger als 27840 und nicht mehr als 28800 Todesfälle vor. Sprechen wir dieses Resultat im Sinne unserer Begriffsbestimmung noch einmal aus. Den ganzen unübersehbaren Bereich der Bedingung: „wenn 12000000 mal ein Bewohner 1 Jahr in London zubringt" kann ich in eine Anzahl von Einzelbedingungen abtheilen, von welchen nur $\frac{1}{10000}$ den Erfolg herbeiführt, dass die Anzahl der Todesfälle kleiner als 27840 oder grösser als 28800 ist, und von welchen $\frac{9999}{10000}$ den Erfolg haben, dass die Anzahl der Todesfälle zwischen 27860 und 28800 liegt. Etwas anderes sagt unser Satz nicht, namentlich sagt er **nicht** — und das kann nicht eindringlich genug hervorgehoben werden — **dass etwa eine von den zu jenem $\frac{1}{10000}$ des gesammten Bereiches gehörige Einzelbedingung weniger leicht realisirbar wäre, als irgend eine derjenigen, die zu den übrigen $\frac{9999}{10000}$ des Bereiches gehören.** Jede der Einzelbedingungen ist gleich realisirbar zu denken und welche im wirklichen Laufe der Begebenheiten realisirt wird, das hängt eben vom nothwendigen Gange des Causalnexus ab.

Der Satz, dass in London in 4 Jahren mit einer Wahrscheinlichkeit von $\frac{9999}{10000}$ zwischen 27860 und 28800 Menschen sterben, oder der gleichbedeutende, dass für einen Bewohner von London die Wahrscheinlichkeit im Laufe des Jahres zu sterben $\frac{236}{10000}$ ist, sagt lediglich etwas aus über die physiologische Beschaffenheit der Bewohner und über die hygieinischen Verhältnisse des Ortes aber gar nichts über die Anzahl von Todesfällen, welche in der nächsten Zeit statt haben werden.

Wer sich von den hergebrachten Vorurtheilen nicht leicht frei machen kann, dem ist folgende Ueberlegung zu empfehlen.

Er stelle sich das numerirte Einwohnerverzeichniss der Stadt für 4 bestimmte Jahre vor, in denen 28317 Todesfälle vorgekommen sein mögen und er streiche die Nummern der wirklich gestorbenen Personen in dem Verzeichniss durch. Er würde nun wohl eben so lange warten müssen, bis einmal wieder ganz dieselben Nummern im neuen Verzeichniss zu streichen wären, als er zu warten hätte, bis einmal in 4 Jahren gar kein Todesfall vorkäme. **Das in Wirklichkeit eingetretene Ereigniss — um den ungenauen aber gewohnten Ausdruck zu brauchen — hat eine genau so geringe Wahrscheinlichkeit zum voraus, als das Ereigniss, dass einmal in 4 Jahren gar kein Todesfall in London vorkäme.** Diese überaus kleine aber nicht unendlich kleine Wahrscheinlichkeit lässt sich numerisch bestimmen und es liesse sich auch folgendes Problem lösen: Wie viele Jahre müsste ich die Todesfälle in London beobachten, um 100 gegen 1 oder auch 1000 gegen 1 wetten zu können, dass in dieser Reihe 4 aufeinanderfolgender Jahre keine Todesfälle vorkämen. Die Rechnung würde allerdings eine Zahl ergeben, die vielleicht in Perlschrift gedruckt von der Erde bis zur Sonne reichte. Sicher wird die Stadt nicht eine solche Anzahl von Jahren existiren, am allerwenigsten in ihrer jetzigen Beschaffenheit, die wir doch, um zur Rechnung die Grundlage zu haben, konstant voraussetzen müssen. Das ändert aber an der Richtigkeit der Betrachtung nichts. Sie soll nur zeigen, dass es keineswegs ein den Lauf der Natur durchbrechendes Wunder sein würde, wenn einmal wirklich 4 Jahre lang in London kein einziger Todesfall vorkäme. Wenn eben ein gewisser Komplex von Bedingungen zusammentrifft, so wird 4 Jahre lang kein Todesfall in London eintreten, und es ist wichtig zu bemerken, dass das Zusammentreffen dieses Complexes von Bedingungen als im Bereiche der Möglichkeit liegend gedacht werden muss. In der That dem Satze: „wenn jemand ein Jahr in London zubringt, so stirbt er in demselben" einen gewissen Grad von Wahrscheinlichkeit zuschreiben, heisst gar nichts anderes, als eine unendliche Anzahl von Einzelbedingungen als möglich voraussetzen, von denen ein gewisser Theil den Tod eines Bewohners von London herbeiführt, der andere Theil nicht. Die Sache entspricht genau folgendem Schema. Es seien in einem Gefässe 10000 Kugeln und davon 236 schwarz, 9764 weiss, denkt man sich nun, es würde 12000000 Mal nach einander eine Kugel gezogen, wobei natürlich die gezogene Kugel jedesmal wieder eingelegt wird, so muss es im Bereiche der Möglichkeit gedacht werden, dass alle 12000000 Züge weisse Kugeln zum Vorschein bringen; denn dies als unmöglich denken, hiesse annehmen, dass bei irgend einem Zuge eine weisse Kugel unmöglich erscheinen kann, was den Voraussetzungen der ganzen Betrachtung widerspricht.

Um dem weit verbreiteten Missverständnisse des Wesens der Wahrscheinlichkeit wirksam zu begegnen, wonach gewisse individuelle Fälle besonders unwahrscheinlich oder gar unmöglich sind, will ich noch ein anderes Beispiel ausführen. Es beobachte jemand das Roulettspiel und in 6 aufeinander folgenden Spielen falle die Kugel der Reihe nach auf schwarz, roth, roth, schwarz, roth, schwarz. Vermuthlich wird sich der Beobachter hierüber durchaus nicht wundern, dagegen würde er vielleicht ganz erstaunt sein, wenn er die Kugel 6 Mal nach einander auf roth fallen sähe. Gerechtfertigt wäre aber die Verwunderung im letzten Falle nicht im mindesten mehr als im ersten. Bei einer Reihe von 6 Roulettspielen sind nämlich, wie man leicht sieht, 64 Kombinationen gleich möglich, davon ist eine einzige die vorhin angeführte s, r, r, s, r, s eben so wie eine einzige davon ist r, r, r, r, r, r. Jede dieser Combinationen hat die Wahrscheinlichkeit $1/64$ für sich. Ganz dasselbe gilt natürlich von einer beliebigen Anzahl aufeinanderfolgender Spiele und es wäre durchaus nicht erstaunlicher, 100 mal nacheinander roth fallen zu sehen, als irgend eine individuell bestimmte Reihenfolge von roth und schwarz, die man vielleicht soeben wirklich beobachtet hat. Ganz anders stellt sich natürlich die Sache, wenn man nicht auf die individuell bestimmte Reihenfolge achtet, sondern bloss darauf, dass etwa im Cyklus von 6 Spielen 3 mal roth und 3 mal schwarz erscheint. Dies kann auf 20 verschiedene Arten realisirt werden und ist daher die Wahrscheinlichkeit: drei mal roth drei mal schwarz ganz abgesehen von der Reihenfolge $20/64$.

III. Bestimmung des Maasses der Wahrscheinlichkeit aus der Erfahrung. — „Induktion".

Im ersten Theile ist schon hervorgehoben, dass wir bei den hypothetischen Urtheilen über die wirklichen Naturvorgänge nie im Stande sind, den Bereich der Bedingung vollkommen zu übersehen und die Einzelbedingungen aufzuzählen, welche mit dem positiven und dem negativen Nachsatze wirklich unverbrüchliche Regeln geben. Wäre nämlich dies in irgend einer Sphäre von Naturerscheinungen möglich, so wären über sie die Akten der Erfahrung geschlossen, deren Zweck es ja eben ist, unverbrüchliche Regeln zu suchen, welcher Zweck aber anerkanntermaassen noch gar nirgend erreicht ist.

Die Betrachtungen des vorigen Abschnittes geben uns die Mittel an die Hand, aus den Beobachtungen wirklicher Erfolge Schlüsse zu ziehen auf die Wahrscheinlichkeit hypothetischer Sätze, von denen das Eintreten dieser Erfolge den Nachsatz bildet. Wir werden sehen, dass allerdings niemals der Werth dieser Wahrscheinlichkeit mit Sicherheit aus der Beobachtung der wirklichen Erfolge geschlossen werden kann, aber es kann wenigstens eine Wahrscheinlichkeit angegeben werden, mit welcher die Wahrscheinlichkeit der Regel zwischen gewissen Grenzen liegt.

Man kann jede Eintheilung einer allgemeinen Bedingung in zwei Abtheilungen von besonderen Bedingungen, deren eine den Erfolg A herbeiführt die andere nicht, auf das schon gebrauchte Schema eines Gefässes mit Kugeln zurückführen, von denen eine gewisse Anzahl weiss, die übrigen schwarz sind und unter dem Erfolg A verstehen das Hervorgehen einer weissen Kugel, wenn blindlings in das Gefäss gegriffen wird, denn hier muss wie im allgemeinsten Falle, wo überhaupt die allgemeine Bedingung (im Schema das Hineingreifen) realisirt ist, der Causalnexus nothwendig entweder eine besondere Bedingung der einen Art oder eine der andern Art verwirklichen. Wir werden also wieder, ohne der Allgemeinheit der Betrachtung Eintrag zu thun, das Schema zu Grunde legen können und zwar wird es sich um folgendes Problem handeln. Es seien aus einem Gefässe eine Anzahl von Zügen geschehen und es seien darunter so und so viele weisse, so und so viele schwarze Kugeln gewesen. Es wird gefragt: welches ist die Wahrscheinlichkeit, dass das Verhältniss der weissen zu den schwarzen Kugeln im Gefässe, woraus gezogen werden, den und den bestimmten Werth hat? Es ist leicht zu sehen, dass dies Problem wirklich das allgemeinste Problem der Erfahrung deckt. Es gelte z. B. schliesslich auszumitteln die unverbrüchlichen Regeln, wonach ein vom Typhus befallener Mensch genest oder stirbt. Da wird es zunächst gelten auszumitteln, in welchem Verhältnisse die in der ganzen Bedingungssphäre „vom Typhus befallen sein" vorläufig sachlich noch unbekannten Bedingungen, welche zur Genesung und zum Tode führen, enthalten sind. Angenommen, wir hätten das soeben angegebene erste Problem durch Beobachtungen nach den weiter zu erörternden Methoden gelöst, d. h. wir hätten die allgemeine Bedingungssphäre vom Typhus befallen sein in zwei unbekannte Theile getheilt, deren Verhältniss aber bekannt ist. Dann würden wir nach denselben Methoden das entsprechende Problem durch weitere Beobachtungen lösen für eine engere Sphäre von Bedingungen z. B. „wenn ein Mensch vom Typhus befallen ist, dessen Lebensalter 40 Jahre übersteigt". Da würden natürlich die beiden Theile der Sphäre sich in einem andern numerischen Verhältnisse stehend zeigen und zuletzt würden wir vielleicht auf eine eingeengte Bedingungssphäre kommen, wie etwa z. B. „wenn ein tuberkuloser Mensch vom Typhus und dann von einer Lungenentzündung befallen wird und noch den und den Schädlichkeiten ausgesetzt ist", in welcher gar kein Theil mehr enthalten ist, der zur Genesung führt. Dann wären wir am Ziele, wir hätten eine unverbrüchliche Regel aus Erfahrungen abgeleitet. Diesen Gang zum letzten Ziele der Erfahrung kann man aber leicht auf das Schema des Kugelziehens bringen. Man kann sich nämlich vorstellen, ein vom Typhus Befallener ziehe gleichsam aus einem Gefässe eine weisse Kugel, Genesung, oder eine schwarze, den Tod, sofern eben innerhalb der gegebenen Bedingungssphäre der Causalnexus entweder eine von den günstigen oder eine von den ungünstigen Bedingungen realisirt. Es gilt also auszumitteln, in welchem Verhältnisse die weissen und schwarzen Kugeln im Gefässe enthalten sind. Wollen wir uns zunächst mit einer endlichen Eintheilung z. B. in 100 Abtheilungen begnügen, so haben wir uns vorzustellen, dass das Gefäss entweder 99 weisse und eine schwarze Kugel oder 98 weisse und 2 schwarze u. s. w. oder endlich 1 weisse und 99 schwarze enthält. Es sei nun in Wirklichkeit beobachtet, dass von 600 Typhuskranken 537 genesen und 63 gestorben seien, dann können wir fragen, welche Wahrscheinlichkeit hat es, dass das Gefäss, aus welchem der vom Typhus befallene sein Loos zieht, gerade in dem und dem bestimmten Verhältniss weisse und schwarze Kugeln enthält. Beiläufig gesagt, würde es im vorliegenden Falle eine der Einheit sehr nahe kommende Wahrscheinlichkeit haben, dass das Gefäss die weissen und schwarzen Kugeln sehr nahezu im Verhältniss von 9 : 1 enthält. Wollen wir die beispielsweise specialisirte Frage ganz unabhängig vom Schema der Kugeln ausdrücken, so lautet sie: Wie viele von den Regeln, die anfangen mit dem Vordersatze: „wenn 537 Typhuskranke genesen, 63 gestorben sind" haben den Nachsatz: „dann ist die allgemeine Bedingungssphäre „vom Typhus befallen werden in dem und dem bestimmten Verhältnisse zwischen günstige und ungünstige Bedingungen einzutheilen". Der so ausgedrückte Satz bietet schon dem blossen grammatischen Verständnisse einige Schwierigkeit, noch viel schwieriger ist es, sich seinen Inhalt ganz klar zu vergegenwärtigen. Es dürfte daher zweckmässig sein, sich zunächst in einfachen Beispielen zurechtzufinden, bei denen die allgemeine Bedingungssphäre der durch Beobachtung zu begründenden Regel nur auf wenige Arten in Theilsphären abgetheilt werden kann. Solche Fälle bietet nun die Natur kaum dar, da immer eine unendliche Fülle von Einzelbedingungen mit der allgemeinen verbunden werden kann. Ich muss mich daher darauf beschränken ein einfaches Beispiel zu erfinden, das seinem Inhalte nach vielleicht läppisch aussieht, das aber, formell wenigstens, die gewünschten Dienste leisten kann. Denken wir zu diesem Zwecke daran, dass nach unseren gesellschaftlichen Gewohnheiten Männergesellschaften, Frauengesellschaften und gemischte Gesellschaften vorkommen, in welch letzteren die Zahl der männlichen und weiblichen Individuen im Allgemeinen gleich ist. Nehmen wir an, dies sei stets der Fall und nehmen wir weiter an, dass auch die Männer- und Frauengesellschaften immer aus einer geraden Anzahl von Personen beständen. Das Resultat würde auch ohne diese etwas beschränkte Annahme genau dasselbe werden, nur hätte man zu seiner Entwickelung einen sehr viel grösseren Aufwand von Worten nöthig. Man kann also sagen die Wahrscheinlichkeit, dass eine aus einer Gesellschaft gehende Person männliches Geschlechtes sei, ist entweder $= 1$

(Gewissheit) oder $= \frac{1}{2}$ oder $= 0$ (Unmöglichkeit). In unserer strengeren Ausdrucksweise hätten wir dies so zu formuliren: die Regel wenn eine Person aus einer Gesellschaft geht, so ist dieselbe männliches Geschlechtes, zerfällt in einzelne unverbrüchliche Regeln entweder so, dass alle möglichen Regeln den positiven Nachsatz haben. Dies wäre der Fall der Männergesellschaft, denn da sind die möglichen Einzelnregeln: wenn eine Person die Gesellschaft verlässt und es ist die erste, so ist es ein Mann; wenn eine etc. und es ist die zweite, so ist es ein Mann u. s. w. bis zur 2 n ten Person. Oder zweitens die allgegemeine Bedingung zerfällt genau in 2 gleiche Anzahlen von Einzelbedingungen von denen die mit einem positiven die anderen mit einem negativen Nachsatze eine unverbrüchliche Regel geben. Dies wäre der Fall einer gemischten Gesellschaft. Denn hier können wir, indem wir die männlichen Personen von 1 — n, die weiblichen von n + 1 bis 2 n zählen, die n unverbrüchlichen Regeln bilden, wenn eine Person die Gesellschaft verlässt und es ist die erste so ist es ein Mann; wenn eine Person etc. und es ist die 2 te so ist es ein Mann u. s. w. bis n dann aber die n unverbrüchlichen Regeln: wenn eine Person etc. und es ist die (n + 1) te, so ist es kein Mann u. s. w. bis 2 n. Drittens kann aber möglicherweise auch die gedachte allgemeine Regel in 2 n unverbrüchliche Regeln zerfallen, die alle negativen Nachsatz haben. Dies wäre der Fall einer Frauengesellschaft. Man sieht leicht, dass man in allen diesen Fällen der Eintheilung der allgemeinen Bedingung in 2 n Unterbedingungen ohne im mindesten die Allgemeinheit der Betrachtung zu gefährden, eine Eintheilung in bloss 2 Unterbedingungen substituiren kann nämlich: wenn eine Person etc. und es ist eine von den n ersten, und: wenn eine Person etc. und es ist eine von den n letzten, wobei es dann gar nicht auf die Grösse der Zahl n ankommt.

Es habe nun ein Beobachter eine männliche Person aus einer Gesellschaft hervorgehen sehen und er lege sich die Frage vor, welche Wahrscheinlichkeit hat es, dass er aus einer Männergesellschaft hervorging. Wollen wir die Frage auf unser Schema von der Wahrscheinlichkeit bringen, so müssen wir sie in folgender Weise formuliren: Wie kann die Bedingung „wenn ich einen Mann aus einer Gesellschaft gehen sehe" specialisirt werden, so dass in unverbrüchlicher Regel der Nachsatz „dann war er in einer Männergesellschaft" positiv oder negativ darauf folgen kann. Es können offenbar drei und nicht mehr als drei solche Regeln gebildet werden, nämlich die folgenden:

1^0. Wenn ich einen Mann eine Gesellschaft verlassen sehe und er war eine der n ersten Personen und die n letzten Personen waren auch Männer, so war er in einer Männergesellschaft.

2^0. Wenn ich einen etc. und er war eine von der n letzten Personen, so war er in einer Männergesellschaft, da in einer gemischten Gesellschaft die weiblichen Personen nie als die n ersten gezählt werden sollen.

3^0. Wenn ich einen etc. und er war eine von den n ersten Personen und die n letzten waren weibliche so war er nicht in einer Männergesellschaft sondern in einer gemischten.

Wir sehen also, dass der beobachtete Mann aus einer Männergesellschaft kommt hat die Wahrscheinlichkeit $2/3$, dass er aus einer gemischten kommt hat die Wahrscheinlichkeit $1/3$, oder es hat die Wahrscheinlichkeit $2/3$ dass die Bedingung „wenn eine Person diese bestimmte Gesellschaft verlässt" in lauter Einzelbedingungen zerfällt welche das Erscheinen eines Mannes beim Austreten zur Folge haben.

Sehen wir aus derselben Gesellschaft nacheinander 2 Männer hervortreten, so würde diese Wahrscheinlichkeit noch viel grösser sein.

Ich will nun nicht weiter versuchen die Sache an verwickelteren der Wirklichkeit entnommenen Beispielen zu erläutern, denn dies würde ohne einen unermesslichen Aufwand von Worten nicht möglich sein. Wir wollen uns vielmehr für die weitere Entwickelung zunächst ganz an das allgemein übliche Schema halten, indem wir die allgemeine Bedingung einer Regel bezeichnen als das Ziehen einer Kugel aus einem verdeckten Gefässe, das weisse und schwarze Kugeln enthält. Die ganze Anzahl der Kugeln entspricht der Anzahl der als möglich gedachten vollständig ausgedrückten Bedingungen, welche als Vordersätze unverbrüchliche Regeln geben, so dass jede einzelne (numerirt zu denkende) Kugel eine solche vollständig ausgedrückte Bedingung vorstellt. Endlich soll die weisse Farbe der Kugel den affirmativen, die schwarze Farbe den negativen Charakter des Nachsatzes in der unverbrüchlichen Regel bedeuten. In der That lässt sich auf diese Weise jedes Verhältniss der Eintheilung einer allgemeinen Bedingung in einzelne näher bestimmte vorstellen, welche unverbrüchlichen Regeln zu Vordersätzen dienen.

Die Regeln lauten dann allemal so: Wenn eine Kugel aus dem Gefässe gezogen wird und es ist die m^{te} so erscheint eine weisse Kugel; wenn aus dem Gefäss eine Kugel etc., und es ist die n^{te} so erscheint eine schwarze Kugel u. s. w. je nachdem angenommenen Verhältnisse der weissen und schwarzen Kugeln.

Wir wollen uns ein ganz einfaches Beispiel nach diesem Schema anschaulich vorstellen. Es seien zwei Züge aus einem unbekannten Gefässe geschehen und die beiden Kugeln seien weiss gewesen. Nun sei aber das wenigstens bekannt, dass in dem Gefässe überhaupt nur 3 Kugeln vorhanden sind. Da wir wie bei der wirklichen Erfahrung annehmen wollen, dass von vornherein gar kein Grund vorhanden ist, dem einen oder dem Andern Werthe des Verhältnisses zwischen den weissen und den schwarzen Kugeln den Vorzug zu geben, so kann das Gefäss nur 3erlei Beschaffenheit haben oder mit andern Worten nur eines von dreien sein nämlich eines welches 3 weisse, eines, welches 2 weisse und eine schwarze oder eines, welches 1 weisse und 2 schwarze Kugeln enthält. Damit dieser Umstand bei der Abzählung der Fälle richtig zur Geltung kommt, muss man annehmen dass die weissen und schwarzen Kugeln in jedem Verhältniss auch nur in einer Anordnung vorkommen. Wollte man z. B. im Gegensatze hierzu ein Gefäss in welchem die 2 ersten Kugeln weiss, die dritte schwarz ist von einem unterscheiden, in welcher die erste und dritte weiss die zweite schwarz ist, dann hätte man ja mehrere Gefässe mit demselben Verhältnisse vorausgesetzt. Man wird daher am einfachsten die Kugeln jedes Gefässes mit den fortlaufenden Buchstaben des Alphabetes bezeichnet denken und annehmen, dass stets in alphabetischer Ordnung die ersten Kugeln weiss, die letzten schwarz wären. In unserem Falle müsste man also annehmen wenn 1 weisse und zwei schwarze Kugeln in dem Gefässe sind, so ist die Kugel a weiss, b und c schwarz, denn wenn ich annehmen wollte, dass ebenso gut a schwarz, b weiss und c schwarz sein könnte, so hiesse das bei der Aufzählung der Fälle ebensoviel als annehmen dass zwei verschiedne Gefässe mit einer weissen und zwei schwarzen Kugeln da sein könnten.

Unter den gemachten Annahmen kann ich nun offenbar 14 Regeln bilden, die anfangen „wenn zwei weisse Kugeln gezogen sind" nämlich folgende:

1) Wenn aa gezogen ist und b und c sind weiss so enthielt das Gefäss 3 weisse Kugeln.
2) Wenn aa etc. und b ist weiss c schwarz dann enthält etc. 2 weisse, 1 schwarze.
3) Wenn aa etc. und b und c ist schwarz dann etc. 1 weisse 2 schwarze.
4) Wenn a b etc. und c ist weiss dann etc. 3 weisse.
5) Wenn a b etc. und c ist schwarz dann etc. 2 weisse und 1 schwarze.
6) Wenn a c etc dann sind 3 weisse.
7) Wenn b a etc. und c ist weiss dann sind 3 weisse im Gefäss.
8) Wenn b a etc. und c ist schwarz dann sind 2 weisse 1 schwarze.
9) Wenn bb etc. und c weiss dann sind 3 weisse.
10) Wenn bb etc. und c schwarz dann 2 weiss und 1 schwarz.
11) Wenn b c etc. dann 3 weisse.
12) Wenn c a dann 3 weisse.
13) Wenn c b etc. dann 3 weisse.
14) Wenn cc etc. dann 3 weisse.

Die allgemeine Bedingung: Wenn 2 weisse Kugeln hervorgehen aus einem Gefässe mit 3 Kugeln die entweder alle 3 weiss, oder von denen 2 weiss und 1 schwarz, oder von denen 1 weiss 2 schwarz sind, kann also in 14 Specialbedingungen zerlegt werden von denen 9 zur Folge haben, dass aus einem Gefässe mit 3 weissen Kugeln gezogen werde; 4 dass aus einem Gefässe mit 2 weissen und einer schwarzen; 1 dass aus einem Gefässe mit 1 weissen und 2 schwarzen gezogen wurde. Oder man kann das Ergebniss auch so ausdrücken: Wenn aus einem Gefäss mit 3 Kugeln 2 weisse nacheinander gezogen sind, dann hat es die Wahrscheinlichkeit $\frac{9}{14}$, dass für fernere Züge aus demselben Gefässe die Wahrscheinlichkeit eine weisse zu ziehen $= 1$ ist, es hat die Wahrscheinlichkeit $\frac{4}{14}$ dass für fernere Züge die Wahrscheinlichkeit weiss zu ziehen $= \frac{2}{3}$ ist und es hat die Wahrscheinlichkeit $\frac{1}{14}$ dass für fernere Züge die Wahrscheinlichkeit weiss zu ziehen $= \frac{1}{3}$ ist.

Den hier an einem Beispiel im Sinne unserer Auffassung durchgeführten Gedankengang hat man schon längst ganz allgemein mathematisch formulirt und ist zu einem Lehrsatze gekommen, auf dessen mehr oder weniger bewusste Anwendung die ganze Technik der Erfahrung eigentlich hinausläuft. Wir wollen diesen Lehrsatz jetzt auch im Sinne unserer Auffassung des Wahrscheinlichkeitsbegriffes ausdrücken. Es sei eine allgemeine Bedingung B in verschiedener Weise eintheilbar gedacht, nämlich entweder so, dass kein Theil ihres Bereiches den Erfolg A herbeiführt oder so, dass $\frac{1}{p}$ tel oder so, dass $\frac{2}{p}$ tel etc. ihres Bereiches den Erfolg A herbeiführt. Es sei nun r mal die allgemeine Bedingung B erfüllt gewesen und der Erfolg A sei m mal wirklich eingetreten n ($= $ r $-$ m) mal ausgeblieben, dann ist die Wahrscheinlichkeit, dass $\frac{q}{p}$ des ganzen Bereiches der Bedingung B den Erfolg sicher herbeiführen gleich einem Bruche dessen Zähler gleich ist der Wahrscheinlichkeit, dass unter der Annahme, $\frac{q}{p}$ des Bereiches der Bedingung führten den Erfolg A herbei, bei r maliger Realisirung der allgemeinen Bedingung m mal der Erfolg eintritt und n mal ausbleibt. Der Nenner des fraglichen Bruches ist die Summe der sämmtlichen entsprechenden Wahrscheinlichkeiten unter den sämmtlichen möglichen Annahmen dass $\frac{0}{p}$, $\frac{1}{p}$, $\frac{2}{p}$ etc. des Bereiches der Bedingung den Erfolg A herbeiführen.

Bei der Erforschung wirklicher Naturvorgänge wird man selbstverständlich in der Regel anzunehmen haben, dass die Eintheilung des Bereiches der allgemeinen Bedingung auf unendlich viele stetig aufeinander folgende Arten gemacht werden könne, es wird daher der soeben beschriebene Bruch stets unendlich klein sein, da sein Zähler endlich sein muss, sein Nenner aber eine Summe aus unendlich vielen endlichen Summanden ist. Man kann also nicht daran denken, die Wahrscheinlichkeit einer bestimmten numerisch gegebenen Eintheilung der Bedingungssphäre oder eines bestimmten Werthes der Wahrscheinlichkeit des Satzes wenn B ist so ist A aus einer Reihe von Beobachtungen zu berechnen. Die Wahrscheinlichkeitsrechnung giebt aber Näherungsmethoden nach welchen sich aus einer Reihe von sehr vielen Beobachtungen über das Eintreten und Nichteintreten des Ereignisses A unter der allgemeinen Bedingung B berechnen lässt, welche Wahrscheinlichkeit es hat, dass die Wahrscheinlichkeit des Satzes „wenn B ist so ist A" zwischen gewissen willkührlich zu wählende Grenzen liegt. Es lässt sich insbesondere zeigen, dass die Wahrscheinlichkeit des Satzes wenn B ist so ist A mit einer der Einheit sehr nahe kommenden Wahrscheinlichkeit zwischen zwei sehr nahe beieinander liegende Grenzen fällt, zwischen welcher derjenige Bruch in der Mitte liegt, dessen Nenner die Gesammtzahl der Beobachtungen und dessen Zähler die Anzahl von Fällen ist, in welchen der Erfolg A eintrat. Sind z. B. 1000 Typhusfälle beobachtet, von welchen 145 tödtlich ausgingen, so ist mit einer an Gewissheit grenzenden Wahrscheinlichkeit anzunehmen, dass die Wahrscheinlichkeit, am Typhus zu sterben nicht grösser als $\frac{160}{1000}$ und nicht kleiner als $\frac{130}{1000}$ ist. Bei gehöriger Wahl der Grenzen kann man die Wahrscheinlichkeit, dass die fragliche Wahrscheinlichkeit zwischen ihnen liegt, ganz beliebig nahe an die Einheit bringen z. B. dass sie $= \frac{9999}{10000}$ wird. Lässt man eine solche Wahrscheinlichkeit für ein Surrogat der Wahrheit gelten, dann hat man zwar noch nicht einen hypothetischen Satz von ausnahmsloser Gültigkeit errungen, aber man hat dann wenigstens aus der Erfahrung etwas Bestimmtes über die Eintheilung einer Bedingungssphäre abgeleitet.

Man hüte sich indessen in den vulgären Irrthum zu verfallen als müsste nun in einer ferneren Beobachtungsreihe die Anzahl von malen, wo das Ereigniss A beobachtet wird, dividirt durch die Gesammtzahl der Fälle nothwendig zwischen die fraglichen Grenzen fallen. Dies ist keineswegs nothwendig, wenn man auch annimmt, dass die Wahrscheinlichkeit des Ereignisses A wirklich und nicht bloss sehr wahrscheinlich zwischen den fraglichen Grenzen liegt. Dies wurde schon im zweiten Abschnitte S. 23 hervorgehoben. Es dürfte nicht überflüssig sein, die Sache noch einmal von dem jetzt gewonnenen Standpunkte aus zu beleuchten. Halten wir uns dabei an das soeben gebrauchte Beispiel. Wenn ich nach Beobachtung von 1000 Typhusfällen worunter 145 mit tödtlichem Ausgange waren, auch wirklich annehme, dass die Wahrscheinlichkeit am Typhus zu sterben zwischen $\frac{130}{1000}$ und $\frac{160}{1000}$ liegt (was wie schon gesagt nur mit einer der 1 sehr nahe liegenden Wahrscheinlichkeit gefolgert werden kann) — wenn ich, sage ich — dies auch als gewiss annehme, so darf ich dann keineswegs mit absoluter Sicherheit erwarten, dass von den nächsten 1000 Typhusfällen, die ich beobachte, nicht weniger als 130 und nicht mehr als 160 sterben werden. Ich muss vielmehr gleichwohl gewärtigen, dass etwa bei der nächsten Reihe von 1000 Beobachtungen gar kein Todesfall vorkommt — freilich würde die Wahrscheinlichkeit eines solchen Ereignisses von 0 nur ausserordentlich wenig verschieden sein. Der als gewiss angenommene Satz, dass die Wahrscheinlichkeit am Typhus zu sterben, zwischen $\frac{130}{1000}$ und $\frac{160}{1000}$ liegt, sagt eben nur etwas über die Natur der Krankheit aus, und gerade hierin würde seine wissenschaftliche Bedeutung liegen. Keineswegs aber lehrt er etwas über das Verhältniss von Todesfällen und Genesungen bei künftigen Typhuserkrankungen, welches n o t h w e n d i g statt finden müsste. Dies hängt davon ab, w e l c h e Einzelbedingungen in den künftigen Fällen der Ablauf des Causalnexus realisiren wird.

Es kann gar nicht genug gewarnt werden vor dem eben soweit verbreiteten als gründlichen Missverständnisse des ganzen Principes der Wahrscheinlichkeit, dass das sogenannte „Gesetz der grossen Zahlen" irgend eine Analogie mit einem wirklichen Naturgesetze habe. Unter einem solchen kann nur verstanden werden eine in einem hypothetischen Satz ganz vollständig ausgedrückte und als absolut unverbrüchlich gedachte Regel. Das bezeichnete Gesetz der grossen Zahlen, das bekanntlich dem grossen Mathematiker *Jacob Bernoulli* 20 jähriges Nachdenken gekostet hat, ist schon der Form seiner Aussage nach nichts weniger als ein Naturgesetz, denn es sagt nichts aus über den nothwendigen Zusammenhang von Erscheinungen, sondern über den Zusammenhang von W a h r s c h e i n l i c h k e i t e n. Es lautet nämlich folgendermassen: Wenn man annimmt, dass die Wahrscheinlichkeit des Satzes „unter der Bedingung B tritt der Erfolg A ein" gleich $\frac{q}{p}$ ist sei es dass man diese Wahrscheinlichkeit a priori kennt, sei es dass man sie auf Grund früherer Beobachtung vermuthet und die Bedingung wird r male realisirt. so nähert sich die W a h r -

scheinlichkeit, dass die Anzahl der Fälle, wo der Erfolg A eintritt, zur ganzen Anzahl r in einem Verhältnisse zwischen den Grenzen $\frac{q}{p} - d$ und $\frac{q}{p} + d$ steht (wo d eine sehr kleine Grösse bedeutet) dem Werthe 1 um so mehr je grösser die Anzahl r der gesammten Fälle ist. Das Gesetz sagt also keineswegs etwa aus, dass bei der nächsten Beobachtungsreihe von r Fällen die Anzahl derer wo der Erfolg A eintritt zur Gesammtzahl r in einem zwischen $\frac{q}{p} - d$ und $\frac{q}{p} + d$ liegenden Verhältnisse stehen müsse. Dies sagt das „Gesetz der grossen Zahlen" auch dann nicht aus, wenn man der Zahl r einen über alles menschliche Maass hinaus gehenden Werth beilegt. Mit Ereignissen, seien es nun einfache oder sei schon in ihrer ursprünglichen Vorstellung eine Vielheit von Fällen mit Bewusstsein unterschieden — mit Ereignissen hat die Wahrscheinlichkeit gar nichts zu schaffen.

Als Beispiel der Anwendung des Bernoullischen Gesetzes der grossen Zahlen will ich noch einen vielbesprochenen Satz der Naturwissenschaft anführen, dessen wahre Tragweite, wie mir scheint, selbst von Naturforschern falsch beurtheilt wird. Es ist der Satz, dass Wärme nicht von selbst aus einem kälteren in einen wärmeren Körper übergehen kann. Beschränken wir uns der Einfachheit wegen auf den gasförmigen Aggregatzustand, in welchem man sich die Molekule frei umherfliegend vorstellt bis sie an einander oder an die Wände anstossen und dann nach den Gesetzen des elastischen Stosses zurückprallen. Es ist nun leicht zu sehen, dass beim Zusammenstosse von 2 elastischen Kugeln von den möglichen Bedingungen weit mehr den Erfolg herbeiführen, dass die schneller bewegte der langsamer bewegten Energie mittheilt, als den umgekehrten, es giebt aber auch Bedingungen, unter denen dieser letztere eintritt. Wenn man also ungeheuer viele Zusammenstösse in jeder Sekunde annimmt, so ist nach dem Gesetze der grossen Zahlen eine grosse Wahrscheinlichkeit gegeben, dass sich die Energie in dem Raume, in welchem diese Zusammenstösse statt finden also z. B. in einer Gasmasse nach einiger Zeit gleichmässig vertheilt und dass sich diese gleichmässige Vertheilung dann von selbst nicht mehr ändert. Es hat die Erhaltung des Zustandes aber eben doch nur eine gewisse Wahrscheinlichkeit und keineswegs die Gewissheit. Der Satz, dass in einer überall gleichmässig warmen Gasmasse keine Temperaturdifferenz von selbst entstehe, lässt sich an Sicherheit gar nicht vergleichen mit manchen andern Sätzen der Physik, geschweige denn mit a priori gewissen Sätzen der Erkenntnisstheorie und Mathematik. Wir dürften uns gar nicht wundern, wenn wir in einer gleichmässig warmen Stube plötzlich ein auf dem Tische liegendes Stück Papier in Flammen aufgehen sähen, denn der Causalnexus könnte ganz wohl solche Bedingungen des Zusammenstosses der Luftmolekule verwirklichen, dass die an das Papier anprallenden zum grossen Theil mit so grosser Geschwindigkeit einträfen, dass sie es zur Entzündungstemperatur erhitzten. Die Möglichkeit dieses ganz besonderen Zusammentreffens von Bedingungen ist ganz entschieden in den Voraussetzungen enthalten, welche bei der Deduktion des Satzes aus den Principien der Wahrscheinlichkeitsrechnung gemacht sind.

Das vorhin beschriebene Verfahren, aus einer Reihe von Beobachtungen die Wahrscheinlichkeit eines hypothetischen Satzes zu folgern, wobei jedoch wohl zu beachten ist, dass der Folgerung selbst immer nur ein bestimmter Grad von Wahrscheinlichkeit nicht Gewissheit zukommt — dieses Verfahren ist, wie schon mehrfach erwähnt wurde, die ganze Technik aller Erfahrungswissenschaft, oder die „Induktion". Ein neues erkenntnisstheoretisches Moment tritt in das Verfahren der Induktion an sich nie ein, wenn auch bei Stellung der Fragen andere erkenntnisstheoretische Momente, namentlich die Kategorie der Wechselwirkung eine wesentliche Rolle spielen. Der Fortschritt der Erfahrungswissenschaften nach ihrem Ziele der Aufstellung von unverbrüchlichen Regeln oder von Regeln, denen die Wahrscheinlichkeit 1 zukommt, besteht immer nur in wiederholter Anwendung des beschriebenen Verfahrens, indem man nur die allgemeine Bedingung immer neu formulirt. In den Naturwissenschaften schlägt man dabei je nach Bedürfniss zwei verschiedene Wege ein. Man schreitet nämlich entweder zu immer verwickelteren oder zu immer einfacheren Bedingungen fort. Wollte man z. B. die Mittel zur Heilung des Typhus erforschen, so würde man nachdem, die Wahrscheinlichkeit, an dieser Krankheit im Allgemeinen zu sterben, ermittelt ist, Beobachtungsreihen anstellen, in denen die eintretende Bedingung nicht im Befallensein vom Typhus überhaupt besteht, sondern im Befallensein und einer bestimmten Behandlungsweise — sagen wir mit kaltem

Wasser. Jetzt würden vielleicht statt 145 von 1000 nur 80 sterben. Dann würde man vielleicht eine Beobachtungsreihe auszuführen haben, worin Typhöse von gewisser Körperbeschaffenheit unter der gewählten Behandlungsweise als Objekte dienten. So könnte man möglicherweise schliesslich zu einer unverbrüchlichen Regel des Inhaltes kommen: „Wenn ein Mensch von der und der Körperbeschaffenheit vom Typhus befallen und so und so behandelt wird, so genest er". Der andere Weg besteht darin, dass man umgekehrt die Bedingungen vereinfacht, indem man aus den roh dargebotenen Erscheinungen einzelne Momente herausgreift, die in vielen rohen Beobachtungen gleichartig vorkommen können. Dies ist der Weg, auf welchem sich aus dem Chaos der rohen Naturbeobachtung die eigentliche ernsthafte Naturwissenschaft die Physik mit Einschluss der Chemie entwickelt hat. In der That werden ja die anderen sogenannten Naturwissenschaften, wie Physiologie der Thiere und Pflanzen, Meteorologie, Mineralogie etc. den Namen von Wissenschaften erst dann verdienen, wenn sie nichts anderes mehr sind als Anwendungen physikalischer Gesetze auf besondere Kreise von Erscheinungen.

Es ist hier nicht der Ort, dem historischen Entwickelungsgange der Naturwissenschaft ins Einzelne zu folgen. Ich will nur noch darauf aufmerksam machen, dass der heutigen hoch entwickelten insbesondere der experimentellen Naturwissenschaft kein neues, geheimnissvolles, erkenntnisstheoretisches Princip zu Grunde liegt, neben dem vorhin als „Induktion" geschilderten Principe der Wahrscheinlichkeit. In dieser Beziehung scheint sich der gefeierte Verfasser des „Systemes der deduktiven und induktiven Logik" *J. St. Mill* in einem vollständigen Irrthum befunden zu haben. Am Schlusse des Capitels „vom Grunde der Induktion" bricht er in die erstaunte Frage aus: „warum ist in manchen Fällen ein einziges Beispiel zu einer vollständigen Induktion hinreichend, während in anderen Fällen Myriaden übereinstimmender Fälle, ohne eine einzige bekannte oder nur vermuthete Ausnahme, einen so kleinen Schritt zur Feststellung eines allgemeinen Urtheiles thun? Wer diese Frage beantworten kann, versteht mehr von der Philosophie der Logik, als der erste Weise des Alterthumes; er hätte das grosse Problem der Induktion gelöst".

Mills Erstaunen bezieht sich offenbar auf die Zuversicht, mit welcher der Physiker auf Grund eines wohlgelungenen Versuches eine allgemeiue Regel ausspricht. Dies scheint ihm den Regeln der Induktion zu widersprechen, welche er in seinem Werke mit grosser Ausführlichkeit entwickelt und die im Grunde genommen alle in der einen weiter oben entwickelten Regel enthalten sind, nach welcher die Wahrscheinlichkeit eines hypothetischen Urtheils aus einer Reihe von Beobachtungen zu folgern ist. Es ist nun in der That gar nichts Erstaunliches und dem allgemeinen Principe der Wahrscheinlichkeit Widersprechendes daran, dass man oft aus einem Versuche oder einer Beobachtung einen ganz allgemeinen Satz folgert. Erstens giebt es Fälle, wo auch bezüglich hoch komplicirter Erscheinungen durch eine Beobachtung eine Frage vollständig entschieden ist; es kommt eben nur auf die Stellung der Frage an. Alle Fragen dieser Art lassen sich auf das Schema reduciren: Sind in dem Gefässe, aus welchem ich eine Kugel zu ziehen im Begriffe bin, überhaupt weisse Kugeln enthalten? Bringt nun der erste Zug, den ich wirklich thue, eine weisse Kugel zum Vorschein, so hat eine Beobachtung die Frage entschieden. Ist die erste gezogene Kugel schwarz, dann freilich bleibt die Frage noch unentschieden. Solche Fälle kommen in der Naturwissenschaft in Wirklichkeit vor. Man hat sich z. B. die Frage gestellt, kann im menschlichen Körper durch Verbrennung stickstofffreier Verbindungen Muskelarbeit geleistet werden. Diese Frage ist durch eine einzige Beobachtung entschieden, in welcher sich gezeigt hat, dass im menschlichen Körper mehr Muskelarbeit geleistet worden ist, als dem mechanischen Aequivalente der Verbrennungswärme der während der Zeit verbrannten stickstoffhaltigen Verbindungen entspricht. Bei der Entscheidung der Frage sind allerdings manche andere Sätze als absolut sicher vorausgesetzt und die Folgerung hat keine grössere Sicherheit als diese, aber eine Wiederholung der Beobachtung — und darauf kommt es in diesem Zusammenhange allein an — würde die Sicherheit der Folgerung nicht vermehren, sofern schon jene eine Beobachtung als fehlerfrei angenommen wird.

Es ist mit Bestimmtheit anzunehmen, dass *Mill* sofort zugegeben haben würde, dass in Fällen der besonderen soeben beschriebenen Art, seine Verwunderung nicht am Platze ist. Es ist aber leicht zu zeigen, dass auch in den Fällen, welche *Mill* vor Augen hatte, als er seine Verwunderung äusserte, kein Widerspruch gegen das hier auf seinen kürzesten Ausdruck gebrachte

Princip der Induktion darin liegt, wenn aus einigen wenigen guten Beobachtungen eine als unverbrüchlich geltende Regel gefolgert wird. Wir können die Betrachtung an das Beispiel anknüpfen, an welches *Mill* selbst seine Bemerkung angeknüpft hat. Er sagt: „Wenn ein Chemiker die Existenz und die Eigenschaften einer neuentdeckten Substanz ankündigt, und wir seiner Genauigkeit vertrauen, so sind wir überzeugt, dass die Schlüsse, zu denen er gelangt ist, allgemein bestehen werden, obgleich die Induktion nur auf einige Beispiele gegründet ist. Wir halten unsere Zustimmung nicht zurück, indem wir auf eine Widerholung des Experimentes warten, oder wenn wir dies thun, so geschieht es wegen eines Zweifels, dass ein Experiment gehörig angestellt worden, nicht, ob es beweisend ist, im Falle es richtig angestellt wurde. Hier ist also ein aus einem einzigen Beispiele ohne Anstoss gefolgertes allgemeines Naturgesetz ein allgemeines Urtheil aus einem besonderen. Wir wollen nun einen andern Fall diesem gegenüberstellen. Alle Fälle, welche seit dem Anfange der Welt zur Stütze der Behauptung „alle Krähen sind schwarz" beobachtet worden sind, würden nicht als eine hinreichende Präsumtion von der Wahrheit dieser Behauptung erachtet werden, um das Zeugniss eines einzigen unverwerflichen Zeugen aufzuheben, der versichern könnte, dass in einer noch nicht gänzlich durchforschten Gegend der Erde er eine Krähe gefangen und untersucht, und dass er gefunden habe, sie sei grau."

Hier schliesst sich die weiter oben schon citirte Aeusserung des Erstaunens an. Ich finde weiter nichts erstaunlich, als dass einem so scharfsinnigen Mann, wie *Mill*, der erstaunliche Unterschied in der erkenntnisstheoretischen Dignität der beiden von ihm angeführten Beispiele hat entgehen können. In der That bringen wir seinen Satz „alle Krähen sind schwarz" auf das Schema eines hypothetischen Urtheiles, so dass wir seine Wahrscheinlichkeit erörtern können. Er würde etwa so lauten: Wenn zwei Vögel von der und der Beschaffenheit (Krähen genannt) ein lebensfähiges Junges erzeugen, so sind dessen Federn schwarz. In dieser Aussage ist nun offenbar die Rede von einer ganzen Kette von Ereignissen, die eine lange Zeit in Anspruch nehmen, in deren Ablauf unzählige materielle Theilchen der verschiedensten Art eingehen, und unzählige Einflüsse eingreifen. Die Bedingung dieses Satzes kann, wie man leicht sieht, in unendlich viele Unterbedingungen zerlegt werden, da es sich nämlich um eine unendlich verwickelte Wahrnehmung handelt. Z. B. wenn zwei Vögel etc. und sie haben dies oder jenes Futter gefressen, oder wenn 2 Vögel etc. und sie haben in dem oder jenem Klima gelebt etc. Unzählige Wahrnehmungen ähnlicher Art haben uns belehrt, dass diese Nebenbedingungen der Zeugung auf die Beschaffenheit des Gefieders des Erzeugten von Einfluss sind. Wir können also keineswegs darauf rechnen, dass alle die Regeln, welche durch Specification der allgemeinen Bedingung gebildet werden können, unverbrüchlich mit dem Nachsatze schliessen müssen „so sind die Federn des Erzeugten schwarz". Da ist ganz begreiflich, dass man selbst nach sehr vielen Beobachtungen noch nicht mit Sicherheit auf die Unverbrüchlichkeit der allgemeinen Regel zählt, weil man nicht mit Sicherheit erwarten kann, dass in diesen Beobachtungen alle die möglichen einzelnen uns völlig unbekannten Bedingungskomplexe einmal verwirklicht gewesen sind.

Ganz anders liegt die Sache in dem andern Beispiele *Mill's*. Malen wir es etwas näher aus. Ein Chemiker mag angegeben haben, dass er zwei wohl charakterisirte Substanzen gemischt hat und dass der entstehende Körper bei der und der Temperatur das und das specifische Gewicht hat. Die einzelne Wahrnehmung kann hier etwa so beschrieben werden $\frac{m}{n}$ Kilogramm eines Stoffes A ist gemischt mit $\frac{n-m}{n}$ Kilogramm eines Stoffes B, es ist ein Kilogramm eines neuen Stoffes C entstanden und dieses nahm bei der Temperatur des gefrierenden Wassers v Kubikmillimeter Raum ein. Ist diese Wahrnehmung 1 oder 2 mal gemacht worden, so hält man sich für berechtigt, die Regel als unverbrüchlich auszusprechen: Wenn $\frac{m}{n}$ Kilo vom Stoffe A mit $\frac{n-m}{n}$ Kilo des Stoffes B gemischt werden, so nimmt das Kilo der entstehenden Verbindung C den Raum von v Kubikmillimetern ein. Hier handelt es sich eben um ein verhältnissmässig sehr einfaches Ereigniss, das in ganz kurzer Zeit so zu sagen momentan verläuft und in welches lauter gleichartige materielle Theilchen eingehen. Tausende von ähnlichen Erfahrungen haben uns schon belehrt, dass es auf Ereignisse solcher Art keinen Einfluss hat ob die eingehenden Stoffe vorher in diesem oder jenem Klima gewesen sind, ob sie mit diesem oder jenem anderen Körper in

Berührung gewesen sind u. s. f. Man kann also die Bedingung nicht wie in jenem anderen Falle durch tausenderlei Nebenbedingungen specialisiren und wird den Erfolg der einen Beobachtung verallgemeinern lediglich auf dem Standpunkte der Induktion oder, was dasselbe sagt, auf dem Standpunkte der Wahrscheinlichkeitslehre stehend — nicht aus geheimnissvollen andern Gründen, wie *Mill* zu vermuthen scheint. Es besteht eben darin der Fortschritt der Naturwissenschaft, dass man die verwickelten Erscheinungen zergliedert und Regeln oder Gesetze aufsucht, welche sich auf einfache Ereignisse beziehen, aus denen sich die verwickelteren in der Natur gröblich beobachteten zusammensetzen. Am weitesten kommt man natürlich dann, wenn sich die Gesetze auf Ereignisse beziehen, die sich an einem einzelnen materiellen Theilchen abspielen, oder wenigstens — da das einzelne Theilchen nicht Gegenstand sinnlicher Wahrnehmung ist — an einem Aggregat von lauter gleichartigen Theilchen. Wir können kurz sagen, der Fortschritt der Naturwissenschaft ist dadurch bedingt, dass man von der rohen Naturbeobachtung zur physikalischen und chemischen oder um es in einem Worte zusammenzufassen, zur mechanischen Betrachtung übergeht. Es wäre ein Missverständniss, wenn man etwa annehmen wollte, die mechanische oder physikalischchemische Naturbetrachtung unterscheide sich von der blossen Naturbeobachtung durch die Objekte, indem sich etwa jene auf die unorganischen, diese auf die organischen Körper bezöge. Im Gegentheil, beide Forschungsarten können auf alle Arten von Naturkörpern und Naturerscheinungen angewandt werden. Die eine, die blosse unmittelbare Naturbeobachtung führt nur durch enorme Vervielfältigung zu Regeln von grosser Wahrscheinlichkeit, mögen die Objekte organische oder unorganische sein. So sind z. B. die Regeln der Geologie und Meteorologie, obwohl sie sich auf unorganisches Geschehen beziehen, im Allgemeinen nicht sicherer als die der Zoologie und Botanik. Anderseits sind Sätze, die einfache Ereignisse zum Ausdrucke bringen, auf Grund weniger Wahrnehmungen ebenso sicher, wenn es sich um organische Körper handelt — man denke z. B. an den Gang eines Lichtstrahles durch das Auge — als wenn die Wahrnehmungen an unorganischen Körpern gemacht sind.

Man kann das Gesagte auch noch anders ausdrücken. Der Fortschritt der Naturbeobachtung zur Naturwissenschaft oder

Mechanik besteht in der Bildung immer einfacherer und allgemeiner Begriffe, welche den in kategorischer Form ausgesprochenen Erfahrungsurtheilen als Subjekte und Prädikate dienen. So lange man bei höchst complicirten Vorstellungen stehen bleibt wie z. B. Pferd, Fledermaus, vulkanische Eruption, Wolke, Abendroth etc. kommt man nicht leicht ohne die Zahl der Beobachtungen ins Ungemessene zu vervielfältigen, zu Sätzen von grosser (der Einheit nahe liegenden) Wahrscheinlichkeit. Dies ist erst dann möglich, wenn man als Subjekte und Prädikate Begriffe von grösserer Einfachheit verwendet wie z. B. Stoff (homogene chemische Verbindung), Spannkraft eines Gases, Temperatur, Lichtstrahl etc. Jeder solche Begriff lässt sich aus unzähligen den verschiedensten Beobachtungsgebieten angehörigen Wahrnehmungen aussondern oder „abstrahiren." So leuchtet z. B. sofort ein, dass ein Satz wie: Ein Frosch macht auf einen elektrischen Schlag den und den Sprung aus wenigen Beobachtungen nicht mit demselben Grade der Wahrscheinlichkeit gefolgert werden kann wie der Satz: ein Muskelbündel macht auf einen elektrischen Schlag die und die Zuckung. Mit dem Uebergang von einer Aussage über einen Frosch zu einer Aussage über ein Muskelbündel hat man aber eben einen Fortschritt auf dem Wege von der rohen Naturbeobachtung zur mechanischen Naturforschung gemacht.

Neben der Vereinfachung und Verallgemeinerung der Begriffe ist der Haupthebel der Naturforschung, das Experiment, dessen erkenntniss-theoretische Bedeutung im Sinne der Wahrscheinlichkeitslehre hier noch kurz besprochen werden mag. Das Experiment im Gegensatze zur gelegentlichen Beobachtung besteht bekanntlich darin, dass man bei Beobachtung eines Vorganges eine Bedingung willkührlich setzt, während man alle andern Bedingungen die, soweit unsere Kenntnisse reichen, Einfluss haben könnten, gleich gehalten werden. Wenn nun in dem Augenblicke wo die willkührliche Veränderung hervorgebracht wird eine zweite Veränderung eintritt, so schliesst man, dass beide durch eine unverbrüchliche Regel verknüpft sind und es ist dies auch ganz gerechtfertigt im Sinne der entwickelten Prinzipien der Wahrscheinlichkeitslehre, insoweit als die Voraussetzung Vertrauen verdient, dass alle anderen ursächlichen Veränderungen in dem Augenblicke fern geblieben sind. Bei sehr einfachen leicht übersehbaren Vorgängen verdient aber eben in der Regel diese Voraussetzung viel Zutrauen, da das zufällige genaue zeitliche

Zusammentreffen einer nicht beabsichtigten fremden ursachlichen Veränderung mit der willkührlich gesetzten höchst unwahrscheinlich ist. Ein einfaches konkretes Beispiel mag die Sache noch anschaulicher machen. Wir beobachten eine auf einer wagrechten Tafel (z. B. auf einem Billard) liegende Kugel und lassen eine andere dagegen anrollen. Im Augenblicke der Berührung sehen wir die bisher ruhende Kugel sich in Bewegung setzen und folgern aus einer einmaligen oder nur wenige Male wiederholten Beobachtung der Art: unter den sonstigen Bedingungen des Versuches gilt die unverbrüchliche Regel, dass ein ruhender Körper durch den Anstoss eines bewegten in Bewegung geräth. In der That könnte ja der ruhende Körper auch noch durch ganz andere Bedingungen in dem betreffenden Augenblick in Bewegung gerathen, z. B. durch plötzliche Neigung der Tafel, auf der er liegt, oder durch einen Luftzug, oder durch vorläufig noch ganz unbekannte Einflüsse. Es giebt also ohne Zweifel noch unzählige andere Regeln, nach denen der Körper sich bewegt, wenn das und das geschieht. Dies Geschehen kann aber, wenn wir sonst nichts darüber als bekannt voraussetzen ebenso, gut in diesem als in jenem Augenblicke eintreten. Der Augenblick der Berührung ist nur einer von unzählig vielen. Sollte also die Bewegung nach einer dieser andern Regeln erfolgt sein, so gleicht die Beobachtung dem Zuge aus einem Gefässe mit unzähligen schwarzen und nur einer weissen Kugel, wenn wir uns des früher erörterten Schemas der Wahrscheinlichkeitsrechnung bedienen. Mit Bezug aber auf die zu prüfende Regel: „wenn ein bewegter auf einen ruhenden Körper stösst, so kommt der letztere in Bewegung" gleicht die Beobachtung dem Ziehen aus einem Gefässe mit lauter weissen oder lauter schwarzen Kugeln; denn die Bedingung ist ja gerade in dem zutreffenden Augenblicke verwirklicht und sofern die Voraussetzung berechtigt ist, dass die willkührlich eingeführte Bedingung die einzige veränderte ist, muss es entweder eine affirmative oder eine negative jedenfalls unverbrüchliche Regel geben. Wenn ich also nicht annehmen will, dass der beobachtete positive Erfolg der Zug einer weissen Kugel aus einem Gefässe mit sehr vielen schwarzen und nur sehr wenigen weissen war, so habe ich ein Recht zu folgern, dass er einem Zuge aus einem Gefässe mit lauter weissen Kugeln entspricht oder dass der eine positive Erfolg schon eine unverbrüchliche Regel ergiebt.

Es versteht sich von selbst, dass man sich bei diesen Voraussetzungen in der experimentellen Wissenschaft gar oft getäuscht hat. Besonders ist die Voraussetzung sehr oft mangelhaft gegründet, dass die im Experimente willkührlich gesetzte Veränderung als die einzige wirksame richtig definirt war, und dass also nicht behauptet werden darf, „wenn diese Bedingung eingeführt wird, so tritt nothwendig der und der Erfolg ein, oder er tritt nothwendig nicht ein". Um es wieder auf das Schema der Wahrscheinlichkeitsrechnung zu reduciren, der positive Erfolg gleicht bezüglich der zu prüfenden Regel oft nicht dem Zuge aus einem Gefässe, welches absolut nur weisse oder nur schwarze Kugeln enthalten kann. Wenn ich z. B. beobachtet habe, dass Chlorsilber im Tageslichte geschwärzt wird, so folgere ich irrthümlich als unverbrüchliche Regel. Jeder Strahl der mein Auge afficirt schwärzt Chlorsilber, denn z. B. der Strahl einer Natriumflamme thut es nicht. Hier wäre also die im ersten Experimente eingeführte Bedingung mit den Worten „fällt ein Lichtstrahl auf Chlorsilber" nicht genügend definirt. Sie hätte nach der Wahrnehmung ausgedrückt werden müssen „fällt ein weisser Lichtstrahl auf Chlorsilber."

Die andere Quelle des Irrthumes, dass nämlich fremde Einflüsse zufällig störend eingreifen und den Erfolg hervorbringen, den man der willkührlich gesetzten Bedingung zuschreibt, ist in allen Fällen, wo es sich um genau messbare quantitative Beziehungen oder genaues zeitliches Zusammentreffen handelt, so gut wie vollständig ausgeschlossen.

Es ist lehrreich daran zu erinnern, wie eben aus den angedeuteten Gründen oft gewisse Regeln lange Zeit in der Wissenschaft als unverbrüchlich gegolten haben, und sich später doch als nicht allgemeingültig herausstellen. Wer hätte z. B. nicht noch vor 15 Jahren folgende Regel für absolut allgemein gültig gehalten: „Wenn ein rother und ein blauer Strahl auf die „Trennungsfläche von zwei beliebigen durchsichtigen Körpern „fallen, so wird der blaue stärker abgelenkt als der rothe." Seitdem sind aber Medien gefunden, welche den rothen Strahl stärker als den blauen ablencken.

Vor wenigen Jahrzehnten noch, hat es für einen der festest stehenden Sätze der Naturwissenschaft gegolten, dass zwei materielle Theilchen aufeinander wirken mit einer Kraft, welche lediglich von ihrer Entfernung abhängt, bis *Weber* gezeigt hat, dass wenigstens bei den elektrischen Theilchen die gegenseitige

Einwirkung ausser von der Entfernung auch noch von ihrer Bewegung abhängt.

Diese Beispiele werden genügen, den schon zu Anfang ausgesprochenen Satz — der übrigens wohl auch kaum ernstlich in Zweifel gezogen wird — zu belegen, dass die Erfahrung kein vollkommen gewisses Urtheil zu Stande bringen kann. Vollkomen gewiss sind nur die Erkenntnisse a priori und zu diesen gehört das ganze System der Wahrscheinlichkeitslehre oder der Wahrscheinlichkeitsrechnung. Sie ist ein ganz besonderer Zweig der Mathematik, welcher die Grundsätze entwickelt, nach denen die in der Möglichkeit des hypothetischen Urtheilens gegründete Kategorie der Regelmässigkeit auf Gegenstände der Erfahrung anzuwenden ist.

Zum Schlusse sei es gestattet, auf die in der Einleitung gemachte Bemerkung zurückzukommen, dass gerade die Sätze der Wahrscheinlichkeitslehre vielleicht die unbezweifelbarsten Beispiele von synethischen Sätzen a priori sind. Sie sind dies in der That so sehr, dass es gar keinen Sinn hat, eine Bestätigung derselben durch Erfahrung zu suchen. Nehmen wir z. B. den einfachen Satz „wenn ich aus einem Gefässe, dass eine schwarze und eine weisse Kugel enthält, ziehe, so ist die Wahrscheinlichkeit, das eine weisse Kugel gezogen wird, gleich $1/2$". Wie sollte jemals dieser Satz durch Erfahrung bestätigt werden? Wenn ich aus dem Gefässe 10 mal ziehe und es erscheint wirklich 5 mal weiss, so ist dies ebenso wenig eine **Bestätigung** jenes Satzes, wie es eine **Widerlegung** desselben ist, wenn einmal bei 10 wirklichen aufeinander folgenden Zügen **keinmal** weiss erscheint. Denn der Satz sagt nicht etwa aus, beim wirklichen Ziehen muss in der Hälfte der Fälle weiss erscheinen, sondern er sagt eben nur, und weiter gar nichts, aus als: Die allgemeine Bedingung „wenn ich aus diesem Gefässe ziehe" zerfällt in zwei gleiche Sphären, deren eine das Erscheinen von weiss, deren andere das Erscheinen von schwarz zur Folge hat. Dass gleichwohl zwischen der Wahrscheinlichkeit und Wirklichkeit eine gleichsam asynptotische Beziehung stattzufinden scheint, stellt der Metaphysik ein Problem, welches vielleicht zu den lösbaren gehört.